# 星光不问赶路人

华为系列故事

主 编 田 涛

生活·讀書·新知三联书店

Copyright © 2022 by SDX Joint Publishing Company.
All Right Reserved.
本作品版权由生活·读书·新知三联书店所有。
未经许可，不得翻印。

**图书在版编目（CIP）数据**

星光不问赶路人 / 田涛主编 . -- 北京：生活·读书·新知三联书店，2022.1（2024.7 重印）
（华为系列故事）
ISBN 978-7-108-07334-1

Ⅰ.①星… Ⅱ.①田… Ⅲ.①通信企业 – 企业管理 – 经验 – 深圳 Ⅳ.① F632.765.3

中国版本图书馆 CIP 数据核字（2021）第 248161 号

| | |
|---|---|
| 策　　划 | 知行文化 |
| 责任编辑 | 朱利国　马　翀 |
| 装帧设计 | 陶建胜 |
| 责任印制 | 卢　岳 |
| 出版发行 | 生活·讀書·新知 三联书店 |
| | （北京市东城区美术馆东街22号） |
| 网　　址 | www.sdxjpc.com |
| 邮　　编 | 100010 |
| 经　　销 | 新华书店 |
| 印　　刷 | 天津裕同印刷有限公司 |
| 版　　次 | 2022年1月北京第1版 |
| | 2024年7月北京第4次印刷 |
| 开　　本 | 635毫米×965毫米 1/16 印张 14.25 |
| 字　　数 | 171千字 / 75 幅图 |
| 印　　数 | 135,001—145,000册 |
| 定　　价 | 46.00元 |

（印装查询：010-64002715；邮购查询：010-84010542）

蓬生麻中，不扶而直——「荀子·劝学」

人生攒满了回忆就是幸福——任正非

# 目　录

**001 / 构筑全联接世界的万里长城（序）**
华为全球技术服务部

从"信息孤岛"到通信的万里长城，交付人的使命　002

永不中断的电波——"守夜人"的责任　004

以项目为中心运作，施工队长向项目 CEO 转身　006

核心能力，在战火纷飞中成长　007

从 P3 比拼到双十、双百城市竞赛："华为设备 + 华为服务 = 最好的网络"　010

**013 / 世界之巅的 5G 路**
珠峰 5G 交付项目组

一个突然而至的任务　016

改了近十版的站点方案　017

力求万无一失的准备　018

海拔 5300 米，我们来了！　019

出发，挺进海拔 5800 米！　022

一波三折：海拔 6500 米的 5G 开通　025
进击峰顶　029

**034 /** **在沙漠中追寻不落的太阳**
作者：张东旭

去最艰苦的地方　034
从"随军记者"转身项目经理　036
惊心动魄的路测　037
我们立的 Flag（目标）兑现了！　039
集体"出逃"之后　040
每个站点都像自己养大的孩子　043
最艰苦的时候收获爱情　044
我们都站在前辈的肩膀上　045

**047 /** **破局："每分钟我们前进 22 米！"**
M 项目组

名副其实的"巨无霸"项目　048
"我的信用在客户那里已经被刷爆了"　048
千里驰援，困境中艰难突围　049
攻克"阿喀琉斯之踵"　051
每 1 分钟，我们前进 22 米　052
重新赢回客户的信赖　055

**057 /** **红日**
瑞士 P3 比拼保障项目组

我们活下来了　058
天堂和地狱只有一分之差　061
我们要当第一　064
做 5G 网络的先锋　068

## 072 / 十六载朝圣保障路
Hajj 保障项目组

一线曙光　074

一战成名　075

再接再厉　078

静水流深　081

## 084 / 逆行震中
作者：孙大伟

午夜惊魂　085

逆行震中　087

恢复通信　089

妈妈哭了　092

一箱红酒　094

无悔坚守　096

## 098 / 我的"优优人生"路
作者：胡骏

艰苦的小国如何精兵作战　099

"土老帽"要进城了　101

第一次握手　103

客户第一次喊出我的英文名　105

第一个"吃螃蟹"的人　108

## 112 / 给客户系统"换心脏"
作者：周成钢

冥冥之中的选择　112

要不要逃跑？　113

守护客户系统的"心脏"　115

"你们给的不是最优方案" 117

6 个人搞定 20 人的"手术" 118

最亏欠的是家人 120

逆行,不是因为不害怕 122

## 125 / 一个人活成一支队伍

作者:王安东

成为"第三任岛主" 126

一个人活成一支队伍 127

3 天 3 夜,冰岛的漫漫长夜会发生什么 130

在客户的电脑桌面,终于拥有一席之地 133

冰雪仙境中的温暖,百味是人生 135

后记 139

## 140 / 别具一格的项目经理

作者:王一树

当项目经理是我的初心 140

"标签"的两面性 141

小试牛刀:用数据讲故事 143

武汉首战:和客户站在一起 145

每天给自己做心理"保健操" 146

主动请战:我希望我可以承重 147

前路迢迢,步履坚定 150

## 152 / 最好的礼物

作者:叶树

华为第一年,太多"没想到" 152

诺里尔斯克,这是哪儿? 154

极夜和极寒 155

电热杯煮饭，"老干妈"是中国胃的灵魂 158

第一个北极圈内的 GSM 网络 159

-50℃的暴风雪 160

任总说要请我吃饭 162

兜兜转转，再回华为 165

## 167 / 喜马拉雅山下的坚守
作者：康书龙

初识地震 167

苦与甜 170

"空中拖拉机"和大吊机 172

雪山与远方 175

## 177 / 我和刘先生北非十一年
作者：李峥（华为家属）

他的华为入职日，我们的结婚纪念日 177

原来你是这样的华为人 179

从一无所知到"李医生" 180

第二次"随军" 182

北非十一年，无怨无悔 185

## 187 / 我从乍得"出道"
作者：孙高强

乍得不流行"追鸡"了 188

"首秀"失利 189

人生中最紧张的 60 分钟 190

第一次上电视直播 193

父母陪伴的幸福时光 195

华为带我看世界 196

198 / **把钱送到你的手中**
尼日利亚 FMM 项目组

"取不到"的现金　199

找到取现方法　200

把现金"送"到老百姓手中　201

10000 奈拉的笑与泪　203

追逐雷电的人　205

带着希望继续前行　207

209 / **星空下的站点**
作者：[马达加斯加] Andry Tahiry Randriamampianina

从没听说过的站点　209

信息"孤岛"　211

山路、水路、林间小路　214

帐篷里的五天六夜　216

数字通信中的"星星站点"　218

# 构筑全联接世界的万里长城（序）

## 华为全球技术服务部

雅鲁藏布江如一条金色的巨龙，从美丽的南迦巴瓦峰和加拉白垒峰之间咆哮而出。在它的下游，有一个地形如莲花般的小镇，它就是美丽的"圣地"——墨脱。

墨脱曾经是一座"高原孤岛"，没有公路，所有物资的进出都靠背夫背运，沿途需要穿过雪山、峭壁、布满蚂蟥的沼泽地，路途艰险，仅有的卫星电话也只能保证打进，不能打出。2004年6月，华为GTS（Global Technical Service，全球技术服务部）员工王文征和客户、合作方历尽艰辛进入那里，为墨脱建设了基站，为生活在那里的人们，建立起与外界沟通的信息桥梁。

十几年间，无数的王文征，他们就像一颗颗水滴，带着华为服务人的激情，聚成小河，汇成大江，像滔滔的雅鲁藏布江江水一样，流入大海，奔向世界，在全球筑起了600多万个通信基站，覆盖了30亿人口。是他们，用华为的通信设备，搭建起了世界通信的万里长城。

## 从"信息孤岛"到通信的万里长城,交付人的使命

2007年初的一天深夜,在巴基斯坦卡拉奇机场附近的核心网机房大楼建设工地,华为项目负责人呆呆地站在地基边上,他刚刚被客户一个电话紧急叫到了现场,旁边是惊慌的分包商老板。面对已经开挖了十几米深但却偏离了图纸设计30米的基坑,大家不知所措。按计划,天亮后这片地基就要开始浇筑水泥!现在,罐装水泥车已经上路了。客户正脸红脖子粗地吼道:"这么离谱的错误,我从未见过!"

这是当年华为拓展海外初期,面对复杂的Turnkey项目(交钥匙工程)时,经常会发生的问题。

早年做国内项目,我们只需要负责站点设备的安装调测。后来,到国外去做项目,客户不仅要我们负责通信设备调测,还要负责站点获取、电力引入、铁塔和机房以及空调等基础设施建设,这类项目叫Turnkey。而在当时,我们这群刚出校门没几年、只熟悉通信领域的毛头小伙子们,根本不知道砖块的规格、水泥的标号。在土建、站点集成这个领域,没有土建经验、没有站点集成专家,我们在几乎一无所知的前提下,就要开始干上亿美元的项目。

在巴基斯坦U项目上,为了赢回项目进度和客户的信任,项目经理秦华,带着周宇等四名交付员工,与采购专家一起,开着两辆车,连夜经过布满了军队哨卡、爆炸残留物的城市及村庄,赶到正在战乱中的克哈特,现场"解剖麻雀"。那一天,他们用了24个小时,连续跑了28个站点,冒着被恐怖分子盯上的风险,最终找到了影响项目进度的症结。后来,客户知道此事惊呆了,连说:"你们真是一帮亡命徒啊!"

为了紧急开启一个远程站点，网优工程师钟永强将失误加进发电机机油箱的柴油用嘴一口口吸出。"过后嘴唇麻木了一周，但站点开通时，高兴的村民围着我跳舞的情景，至今难忘。"钟永强回忆道。

靠着这样一股"不达目的不罢休"的冲劲，经过不断的反思、改进和总结，项目渐渐从无序状态转变为有序的计划集成，项目进度也逐渐满足了客户的需求。

像这样的项目还有很多，如埃及 X 项目、巴西 V 项目进展也不顺利，都曾被戏称为"项目经理的滑铁卢"。我们屡战屡败，屡败屡战，在实战中不断积累经验、快速成长。

2011 年，华为中标公司到目前为止规模最大的集成项目——印度尼西亚 M 项目，执行时又遇到新的问题。印度尼西亚国土面积近 200 万平方公里，东西横跨 7500 公里，由 1 万多个岛屿组成，号称"千岛之国"。它多火山、多地震，是全世界网络规划和施工最复杂的地方。"Fail to Plan, Plan to fail."（外国谚语：没办法做好计划，计划注定要失败。）这是项目初期客户高管在会议上抱怨最多的一句话。

"为满足合同中客户的需求，超过载重几倍的天线被设计到同一个铁塔上；同一个站点 360 度的平面上居然要打出 100 多个微波方向，几乎无法工作；铁塔上挂满设备，承重远超设计……项目进度停滞，一边是现场没有货可用，一边是上千个集装箱里的物料如山般堆在仓库中却发不出去……"当时的项目经理回忆道。

在双方高层会议上，客户集团高层说："这个项目金额巨大，对我们至关重要，如果到 6 月份仍然达不到要求，我们将停止项目。"

在巨大的压力下，网络规划设计专家茚耀东带领技术骨干王富忠、Sitanggang、洪建华、朱畅等员工和客户团队一起封闭数十天，重新优化规划方案，骨干链路用光缆替换微波；针对印度尼西亚微波频率干扰问题，引进新的波段；逐条优化传输方案，原光缆替代方案也从最初预计的近 5100 公里降低至 2200 公里。

就这样，项目组边勘测、边规划、边设计、边发货，在 IT、供应链和解决方案等部门的支持下，规划和集成供应有序进行，最终柳暗花明。华为网络穿越了沼泽和原始森林，跨过了海岛、火山和地震带，成功保证 M 项目的最终目标达成。随着网络建设的推进，客户也一跃成为印度尼西亚数据用户发展最快的运营商。

华为服务人靠着这种强烈的使命感和不服输的劲头，边打仗边建设，一步一步构筑了包括项目管理、技术管理、流程管理、资源管理和集成供应等在内的系统性专业能力，将硝烟弥漫的战场变成平稳有序的建设基地，把交付团队从游击队打造成正规军。

现在，我们每年能够交付 1 万多个项目，安装 100 多万个基站，铺设 4 万公里光缆，相当于绕地球一圈。我们拥有业界最强的交付能力和项目管理水平，让华为成为客户信赖的合作伙伴。现在华为的基站遍布全球的五大洋七大洲，我们为世界筑起一道通信的万里长城。

## 永不中断的电波——"守夜人"的责任

在去往 Concepcion（康塞普西翁）的路上，沿途的地面上都是半尺长的大裂缝和坑坑洼洼的大坑。康塞普西翁是 2010 年 2 月 27 日智利 8.8 级大地震中受灾最严重的城市。N 客户的微波中断了，孙大伟和 Cesar Perez、Cesar Molina 驾驶一辆车，逆着逃离灾区的人群和车流，正匆匆赶往这座城市，去协助客户恢复通信。在震区的 100 个小时中，他们经历了多次余震，最终成功地帮助客户恢复了通信。

孙大伟憨笑着回忆道:"最惨的是没水洗漱,几天下来,感觉浑身难受。后来发现宾馆的泳池中还有些积水,于是我们就用垃圾桶取了一些,用来擦脸,擦完后那感觉叫个爽啊。还有一次余震,我们正在调测,集装箱机房晃得就像是在坐海盗船,我紧紧地抱着配线架,惊得心都快要跳出来了。"

有人问:"去震区,你不害怕吗?"

他认真答道:"说不害怕是假的,但是没有办法。恢复通信是我们的责任,早打通一个电话,就可能挽救一条生命。再说即使我不去,其他人也会去,何况我们离那里最近。"

孙大伟只是华为维护人的一分子。哪里有灾难,哪里就有华为维护人的身影。汶川地震、尼泊尔地震、智利地震、日本海啸、墨西哥飓风……为了能及时打通生命救护通道,华为维护的兄弟们战胜恐惧,履行使命,奔赴通信设备受灾最严重的地方,争分夺秒,抢通基站等通信设施,第一时间恢复通信网络。他们是维护人的先锋,他们为灾后的救助工作做出了巨大贡献,被客户高度认可。

与此同时,还有更多的华为维护人默默无闻,周而复始地工作在客户的网络上。他们,每十秒帮助客户解决一个问题;他们,每天深夜工作在数百个升级、改造和网络割接现场,表面上波澜不惊,实际上暗流涌动,惊心动魄;他们,每周为大大小小的体育赛事、商业峰会、重大节日的通信保障而精心准备、日夜值守,是客户眼中的"网络大侠"——俄罗斯的 Samusenko,中东的 Muhammad,欧洲的 Krasimir,拉美的李伦臣,非洲的 Bouadma,亚太的刘龙海,中国的唐运虞,就是高手。比如唐运虞,客户甚至声称:"只要是唐运虞写的方案我们都免检查!"再比如沙特阿拉伯的朝觐保障,16 战16 捷,只要有服务 Fellow 王楠斌在,客户的信心就满满的。客户称赞道:"Excellent performance, especially the tiger team!"（表现非常卓越，特别是老虎团队！）

今天，华为一线有几千名维护工程师和二线支持体系（两大全球技术支持中心、十个区域技术支持中心）以及研发三线，为全球运营商客户提供 7*24 小时不间断客户支持服务，保障了 170 多个国家和地区、1500 张网络、数千万个站点的稳定运行，为全球三分之一人口提供通信服务。每一个电话、每一条信息背后，可能都有华为维护人员的支持和付出。他们坚守着对客户的承诺，为客户通信网络的时刻畅通默默奋斗着。

维护人的工作既平凡又伟大。2016 年巴西里约热内卢奥运会，华为保障项目组以"零事故、零中断、零投诉"成功完成了奥运会和残奥会的各项赛事与开、闭幕式的通信保障，赢得了客户的高度赞扬。有人说："维护的兄弟们太朴实了，经常通宵攻关，24 小时待命。他们都不会说什么漂亮话，默默守护着奥运网络，他们也是奥运赛场背后的英雄！"

首届"全球优秀网络维护卫士奖"获奖者柳强回忆道："当我站上领奖台接过奖杯时，不由得想到了《权力的游戏》中'守夜人'的誓词，我们维护的兄弟们，就是华为的'守夜人'！"

只要有"守夜人"在，通信的电波将永不中断。

## 以项目为中心运作，施工队长向项目 CEO 转身

天下大事，必作于细。只有在更小颗粒度的项目经营层面上，项目经理才能知道哪些钱该花、哪些钱不该花，才能把"好钢用在刀刃上"，用最合理的成本帮助客户解决问题。

作为老牌运营商，丹麦 T 客户的网络老化，成本居高不下，用

户体验也不好，在激烈的市场竞争中江河日下。为重振雄风，T客户要华为做全网无线搬迁、优化和管理服务。谈判结束后，T客户CEO说："这是我几十年职业生涯中最大的一次冒险。"

为了向客户兑现承诺，项目经理周瑞生带领交付团队，用了九个月的时间，一个一个站点进行规划，或搬迁，或扩容，或优化，进站高效运作……最终把T客户的网络质量做到了第三方测试排名第一、数据流量增长三倍、ARPU（Average Revenue Per User，每用户平均收入）值增长10%，把T客户的网络从"丑小鸭"变为"白天鹅"。根据合同中的奖励计划，客户特意给华为发了上千万克朗的奖金。

2012年，GTS启动以项目为基本经营单元的管理体系建设，不断强化项目经理的经营责任，完善项目八个核心岗位的训战和协同，同时也把项目奖和人员考核评价权给到了一线项目组，快速提拔"上过战场、开过枪"有成功经验的人做主官。2014年，东北欧地区部的28岁的张大伟成为最年轻的五级项目经理。

在赖朝森、段连杰等中方和一大批本地优秀项目经理，如中东Muhammad Saeed Khan、拉美的Rene、南非的Michael、西欧的Hubert、北非的Hazem、中亚的Emre等人的共同努力下，项目年度贡献毛利率较预算改进了双位数的百分点，项目经理正加速从施工队长向项目CEO转身。

## 核心能力，在战火纷飞中成长

每年上万个项目、数百万个站点的交付，业务场景越来越复杂，规模也越来越大，如何把能力构筑在平台工具上，改变手拉肩扛状态，成为全体交付人的梦想。

为了实现这个梦想，2014 年，GTS 启动了 ISDP（Integrated Service Delivery Platform，集成服务交付平台）变革项目，在流程与 IT 管理部鼎力支持下，将一线成功实践经验固化到平台上，项目经理徐云松在全球发布会上动情地说："因为梦想所以坚持，因为坚持成就梦想，ISDP 倾注着几代交付人的心血与梦想！"

ISDP 项目总体组孙虎、余君伟、秦俊骅、潘载钊、蒋艳华、蒋浪等深入全球各个交付项目，现场开发，验证测试：泰国率先试用，加速了产品成熟；土耳其提出远程验收优化建议，与项目组一起解决多个功能和易用性问题；缅甸在项目交付中深度应用 ISDP，一线作业可视可管，客户远程验收审批一次通过率达 93% 以上。

今天，ISDP 已经应用在全球 6 千多个项目上，注册用户 42 万，月活用户近 9 万人，正在逐步改变我们的交付方式和行为。但作为一个交付作业平台，我们很清醒，ISDP 仍需在使用中不断优化、不断完善，但我们坚信数字化交付是一条正确的道路。

兵马未动，粮草先行。项目人员调度历来是一个老大难问题。原交付管理副总裁李刚回忆道："当年北非的一个大项目，为了保障交付，突然向机关要 200 人，几乎把机关的资源掏空，只好将机关的 PMO（Project Management Office，项目管理办公室）都搬到北非。"类似的故事，十多年前几乎天天都在上演。机关各个部门能做的就是拆东墙补西墙，天天为协调人员搞得手忙脚乱，焦头烂额。服务专家也苦，王楠斌回忆道："一年 365 天，我有 300 多天在出差支持，有时甚至 7 个项目同时找我去支持。"

为了实现"在正确的时间把正确的技能运用到正确的地方"，从 2013 年开始，GTS 开始着手建立服务人才供应链，上线了资源管理系统，3 万员工的经验、技能、特长及忙闲状况在资源库中可视可查。

谁会说西班牙语，谁会说日语，谁的技能合适做什么、什么时候有空，项目组可以到资源库中找符合自己需求的人才，根据项目情况做三到六个月的人力供应计划，实现人员快速精准供应。

2015年，墨西哥A项目启动，客户CSO非常担心人力问题，他在一封邮件中提到："需要非常强大的华为团队快速来到墨西哥，方能达成双方的目标。"收到邮件后，项目经理李隆兴在全球范围吹响了资源集结号。短短两个月时间，他就从中国、美国、印度和马来西亚等国，集结懂西班牙语的人员、懂北美标准的专家以及各类网络专家455人，成功保障了A项目的交付。在华为自有交付资源上线iResource的同时，租赁与分包资源也在iResource资源管理系统中加速上线。泰国代表处实践成功的分包资源积分制，也在全球各地推广。

犹如现代战争从"冷兵器时代的人海战术"进入"信息化时代的精准打击"一样，我们已经看到GTS在数字化交付平台上所具有的工具上的优势，这就犹如从"小米加步枪"走向"飞机和大炮"。ISDP、SmartQC（Smart Quality Control，现场作业质量管理工具）、SmartCare（网规网优平台）、ISUP（ICT服务统一平台）、Autin（运维使能平台）等平台工具，已为工程交付、维护、项目经营带来了显著的效果，并在交付模式上进行尝试，建设了四个全球远程交付中心，把能力累积到工具和平台上。虽然近几年全球业务量高速增长、项目复杂度成倍增加，华为交付团队通过"本地现场交付团队＋远程交付中心"的协同交付模式，实现了工程交付和网络维护的平稳协作。

华为服务这几年有了很大的改进，但在数字化、移动化和智能化等方面仍然还有很长的路要走，GTS将不断在交付中总结经验，持续优化数字化交付平台和工具，为华为"长城守护者"提供最有力的武器，打赢班长的战争。

## 从 P3 比拼到双十、双百城市竞赛："华为设备 + 华为服务 = 最好的网络"

2020 年底，市场传来好消息：在全球 P3 测评中，华为负责的 10 个国家的网络中，有 9 个获得了综合第一（分别分布在荷兰、德国、奥地利、西班牙、南非、肯尼亚、塞尔维亚、斯洛文尼亚、格鲁吉亚），1 个 5G 第一（瑞士）！这是用户对华为服务的最大认可。

P3 网络测评是由欧洲权威通信杂志 CONNECT 委托 P3 公司所做的第三方测试，即按相同的标准对运营商网络的质量与性能进行评分排名，通常是每年的 10 月初启动，11 月底或 12 月初公开发布测评结果。"没有比较，就没有伤害！"由于测评结果关乎运营商口碑、市场品牌、用户选网以及管理层评价，P3 网络测评被运营商视为年终大考，有的客户主管因为仅差一分而下课。P3 网络测评的结果甚至被认为不是天堂，就是地狱。

在过去八年中，瑞士 A 客户每年都要接受一次 P3 网络测评，从连续几年在德语区三国十大网络排名垫底，逐步获得语音、数据业务单项第一，2016 年在三国十家运营商中排名第一，2017 年获最高等级"Outstanding（杰出）"，2020 年获"瑞士最快 5G 网络"和"欧洲 5G 创新奖"。A 客户与华为合作、共同进步的经历，这很好地说明了"华为设备 + 华为服务"就是最好的网络。

通过欧洲 P3 的数年网络比拼测试，华为网优团队逐步构建了"三个一"的作战体系，以一个 NPO（Network Performance Officer，网络性能负责人）为中心，依托一个 SmartCare，总结出了一套从市场前端到规划设计、集成验证、性能调优的打法，在欧洲的 P3、中东 Ookla（网络速度测试提供商）、亚太 Opensignal（网络速度测试提供商）的排名比拼中，确保了华为网络性能与用户体验的"三领先"：同一个运营商，用了华为设备的区域要领先；同一套设备，用华为服务的要领先；既用华为设备，又购买了华为服务，性能绝对要领先!

华为全球 400 多个 NPO 团队，如一个个蜘蛛，长期趴在网上，发现问题，解决问题，支撑客户网络的稳定与发展，并收获客户的信任与友谊：负责菲律宾 P 客户的吴德志，趴网 8 年，帮助客户实现网络性能大幅领先友商，P3 得分远超其他运营商，是客户 CTO（Chief Technology Office，首席技术官）最信赖的华为人；负责泰国 A 客户的朱杰聪，发明"杰聪模型"，助力客户从体验最佳到建网收益最大，打造 No.1 网络性能，是客户网络演进的设计师；负责土耳其 V 客户的童怀烈，趴网 11 年，帮助客户利用有限的资源，夺得 P3 第一，获得 V 客户集团 CTO 专门表扬；摩洛哥的 Mohammed Belmqadem，有 20 年 RF（Radio Frequency，射频）经验，帮助客户实现首都排名第一，获得客户 CEO（Chief Executive Offer，执行总裁）特别表扬，是能随时和 CTO 对话的华为人……他们既是客户最信任的人，也是最可爱的华为人。

华为不但在海外市场勇争第一，在中国市场同样也传来了好消息。2021 年 1 月 18 日，中国移动宣布"5G 网络质量双十双百评选"结果：5G 十大标杆城市，9 个城市为华为主建，分别为青岛、郑州、杭州、深圳、苏州、合肥、成都、西安、北京；100 个标杆区域，华为入选 63 个，50 个标杆场景，华为入选 33 个，华为标杆区域/标杆场景共计 96 个，遥遥领先。这些成绩，是陈瑞群、邢如松、蔡江、孟令钊、王虹贞、陈添福、高志伟等网络性能优化专家日夜奋战得来的，也是对华为服务团队最大的认可和激励。

面向未来，长期坚守好质量和客户满意两个要素，是华为取胜的关键。而质量又包括产品的质量和服务的质量两个方面，两者叠加，最终体现为客户能够感知到的，就是华为的网络质量和体验，这也是客户选择华为并长期与华为合作的坚实基础。

面向未来，华为面对的是"万亿"网络存量的交付和运营，如太平洋一样宽广的通信管道，以及大数据、人工智能、云计算等层出不穷的新技术。面对挑战，华为服务人准备好了吗？任重道远，我们仍需加倍努力。

# 世界之巅的 5G 路

**珠峰5G交付项目组**

直到现在,拉萨办事处负责无线网络维护和优化的工程师张永,还是会经常想起一年前的那一天。

2020 年 4 月 15 日,站在海拔 5300 米的珠穆朗玛峰(以下简称"珠峰")大本营,5G 基站信号调通,他迫不及待地拿出测试设备测速。

下行 1.66Gbps(千兆比特每秒),上行 215Mbps(兆比特每秒)!远远超出预期。

风很大很大,吹在脸上有点疼,但看着设备上跳动的数字,已经开通过不知道多少个基站的张永,第一次激动得拿起手机拍摄下了当时的珠峰模样。

他说,这一切就像做梦一样。2008 年 10 月,张永加入华为,三次进藏,2013 年在拉萨远程支撑同事在珠峰开通 4G。那时的他从不曾想到,有一天他能登上珠峰大本营,目睹 5G 基站开通的那一刻。

这一切,还得从三月说起。

珠穆朗玛峰美景

## 一个突然而至的任务

"要在珠峰开 5G 基站？"

"什么？信号要覆盖珠峰峰顶！"

"要做视频直播回传，需要很大的带宽吧？"

"时间这么紧，会不会太难了？"

……

2020 年 3 月 3 日，拉萨，一个普通的工作日，张永和同事来到中国移动西藏公司，与客户进行日常的业务交流。突然，客户网络优化中心的负责人老李说："5 月，中国珠峰高程测量登山队要重测珠峰，还要进行 5G 直播，我们公司要协助做好通信保障的支撑工作……"

任务来得很突然，会议室里炸开了锅，大家七嘴八舌地讨论起来。

2007 年，中国移动公司联合华为在珠峰 6500 米开通了 2G 站点，一年后珠峰上的奥运圣火现场图片通过网络传向全世界；2013 年，中国移动公司联合华为再次在珠峰 5300 米大本营开通了 4G 网络。

可七年后的 2020 年，不仅仅是要在珠峰开通 5G，5G 信号还要上到峰顶，满足测量需要和现场直播要求，这难度系数实在太大了！

尽管非常难，可张永转念一想，华为的 5G 技术在业界领先，客户选择华为为项目整体解决方案及主要设备提供商，"如果我们都做不成，那还有团队做得成吗？"

带着这样的底气，3 月 12 日下午 3 点，远在北京的中国地区部专家陈瑞群、苑志勇，移动系统部交付部长王文征和产品经理李作舟，拉萨办事处交付业务部部长王波，网络保障与技术部张勇和张永，几个人与客户一起对齐项目的基本信息，围绕业务体验需求，开始尝试梳理网络建设方案。

在哪里建站才能确保信号覆盖到峰顶？如何运输设备？如何保障电力供应？如何铺设光缆？如何扩容传输带宽？如何保障运营？这些问题一一摆在了他们面前。

## 改了近十版的站点方案

5G 上珠峰，首先要做的是站点规划方案。

从位于海拔 5300 米处的珠峰大本营到峰顶的沿途营地，主要有位于海拔 5800 米处的过渡营、6500 米处的前进营、7028 米处的北坳营、7790 米处的营地、8300 米处的突击营，然后攀过最后三个台阶，才能到达峰顶。

团队分析，从海拔 5300 米珠峰大本营到峰顶的直线距离是 20 公里，理论上基站可以发射 5G 信号到峰顶，但在峰顶要回传信号就非常难了；而海拔 5800 米的过渡营有山体阻隔，看不到峰顶，从这个位置向峰顶发射信号很难接收；海拔 6500 米的前进营距离峰顶 5.6 公里，并且能看到峰顶，理论上来说，可以实现 5G 基站和终端的相互通信。

经过讨论，考虑信号的稳定性和视频直播需要的带宽，大家认为，最好的办法是采用阶梯海拔网络建设方案：从珠峰大本营到峰顶的沿途，主要有海拔 5300 米、5800 米和 6500 米三处营地，通过独立组网＋非独立组网的形式布放 5 个 5G 基站，实现珠峰沿线的 5G 信号覆盖，并最终通过在海拔 6500 米处的 5G 基站，使信号覆盖到珠峰顶端；同时，提供千兆宽带和专线接入。

有了初步的站址规划，西藏办事处交付团队也立即邀请我司的站点规划专家和网络性能专家远程参与珠峰站点的覆盖仿真和链路预算评审。在近一个月的时间里，团队在拉萨北部的一片山地，拿好测试设备，进行技术验证，从 5.6 公里外向斜上方发送信号，确保在高寒、低压低温、大风等极端环境下设备能平稳运行。历经十余次的试验后，终于测试到可以满足沿途和珠峰顶的信号覆盖以及业务需求，这也让团队心中暂时有了底。

接下来是怎么建的问题。团队盘算了一下，在这几个海拔点建设基站，需要的主设备、传输设备、配套物资和光缆，还有登山装备等，加起来大概需要 8 吨的物资。

团队不断打磨站点规划，完善建设方案的细节，同时也着力解决设备运输、电力供应、光缆铺设、传输带宽扩容等一系列难题。就这样，在修改了近十个版本后，方案总算是成形了。

与此同时，通过与国家高程测量队、新华通讯社、中央广播电视总台等单位沟通，客户对 5G 业务使用的需求也越来越清晰，团队也做了一份业务使用的指导方案，保证在业务的使用过程中语音和数据流量不会超过网络的承载能力。

## 力求万无一失的准备

时间来到 3 月下旬，接下来便是基站建设的筹备工作了。所有的事项包括规避不可预知的风险，都要考虑周全，尽量做到万无一失。

8 吨物资怎么运上山？进入珠峰大本营之后，再往上走没有路，运输车无法行驶，加上超高海拔，直升机也无法空投物资，想要将设备运输到海拔 5800 米和 6500 米两处站点，除了人背肩扛，高原上常见的"汽车替代品"——牦牛队也要派上用场了。

团队聘请了专门为登山者提供帮助的当地向导队伍，他们不仅登山经验丰富，还有牦牛队，负责为登山者提供安全保障和物资搬运服务。

但开通站点需要专业的工程师，谁去建站呢？在高海拔地区，含氧量仅为平原的一半，甚至更低，加上极寒，哪怕是走 100 米都异常困难。而客户和华为的技术工程师们，多来自内地，只有少数是藏族人，即便身体素质好，但也没爬过珠峰，如何保障大家的安全？我们和客户、合作方一道，组建了一个近 200 人的施工队和督导队，并且到日喀则一个国际顶尖的登山学校进行系统培训，旨在保证人员安全的前提下高效完成基站建设任务。登山学校筛选出十几个身体素质较好的年轻人，进行体能、应急和心理等训练，事后证明他们在海拔 5800 米和 6500 米的开站中发挥了极其重要的作用。

4 月上旬，中国移动西藏公司和华为联合出具了一套详尽的实施方案。方案规定了 3 个站址 5G 开通的时间节点。进度一点点向前推进，张永既兴奋又紧张，兴奋的是自己能参与这样重大的项目很是荣耀，紧张的是在峰顶能否顺利开展业务，这才是对华为交付团队的真正考验，因为还没有专业技术人员能够在如此高海拔地区进行 5G 网络测试验证。

## 海拔 5300 米，我们来了！

4 月 13 日，珠穆朗玛峰迎来了 2020 年最为热闹的一天。

8 吨物资、上百人的施工队伍以及几十头驮运牦牛抵达珠峰大本营，张永也在随行的队伍中。早晨的大本营在喇嘛祭山的诵经声里显得格外神圣庄严，随着诵经声的结束，珠峰 5G 项目就此拉开序幕。

张永断断续续在西藏工作有几年了，这却是他第一次与珠峰如

运输物资设备的牦牛队

物资设备运抵海拔 5300 米处的珠峰大本营

此亲密接触。在普通人眼中珠峰颇具神秘色彩，一路上野兔、雪鸡、岩羊随处可见，连绵起伏的雪山，似乎触手可及的天空，他感觉只有置身此处，才能真正体会珠峰的雄伟壮丽。他迫不及待拿出手机一顿狂拍，等回过神来，双手已经冻僵，寒风吹得耳朵和脸开始失去知觉，缺氧更让他呼吸急促，眼睛也因为曝光过度而眯成了一条缝。这是美丽珠峰的另一面，冷风呼啸，极寒缺氧，高原反应强烈。

可就算身体再不好受，工程进度也不能耽误。扛设备、拉线缆，很快，大伙在海拔 5300 米处开始忙碌起来。安装、调试，按计划有条不紊地进行。

由于大本营住宿空间有限，只能供几名一线施工人员住，每天工作结束后，大部分人员都要撤回到 50 分钟车程以外、珠峰山脚下扎西宗乡的旅馆里。白天在大本营吃方便面、啃饼干和速食食品，晚上回到旅馆后，基本是晚上八九点了，大伙会和客户的工程师一起到路边的川菜馆美美地吃上一顿，算是一天中最放松的时候了。

说是旅馆，其实就是一个石头房子里三人间的大通铺，吃喝都有，但睡觉谁也不敢脱衣服。张永在晚上睡觉时常常突然坐起来，因为缺氧，严重的窒息感似乎勒紧了脖子，压迫得喘不过气来，他

基站安装一瞥

5G 信号覆盖海拔 5300 米处的珠峰大本营

必须强迫自己保持清醒。

就这样工作几天后，4 月 15 日，华为顺利完成大本营的 5G 站点的开通。

下行 1.66Gbps，上行 215Mbps！

这行数据犹如跳动的音符一般，昭告世界：第一个 5G 基站在珠峰海拔 5300 米处开通了，第一个难关攻克了！张永望着大本营里忙碌的登山者和远处静默的珠峰顶，眼角不由得有点湿润，一时间竟不知道和谁来分享自己的喜悦。

后来，他拿出手机给远在成都的妻儿拨通了微信视频。在此之前，他并没有告诉他们他来珠峰，更没有告诉他们自己已经快一周没有洗澡洗头换衣服、头疼得几天几夜睡不着觉……

## 出发，挺进海拔 5800 米！

4 月 16 日，9 名在日喀则登山学校接受了两周特训的年轻人——

珠峰"远征军"

牦牛"远征队"

工程督导李奎、罗桑和客户方的工程师拉平等人,还有团队找的向导以及由 40 多头牦牛组成的珠峰"远征军",向海拔 5800 米和 6500 米处的站点预设地挺进。张永等人则留守大本营,支撑后续的开通工作。

队伍分两批出发,工程督导和工程师带着较轻的装备先行上山,而牦牛队则驮着8吨物资晚两个小时出发。

晚上11点左右,"远征军"先头部队终于穿过风雪抵达海拔5800米处的过渡营。星星格外明亮,所有人都筋疲力尽,倒在碎石坡上歇息,空旷的山谷里只有大家的喘气声。大伙在等着牦牛队抵达,可左等右等也没有等来牦牛队的铃铛声。没有物资,大家只能在唯一的帐篷——营地的厨房里挤了一宿。零下30多度,冷、困、累袭来,为了保暖,大伙紧挨着坐在一起。李奎后来回忆道:"挤在一起还是很冷,基本上大家一夜都没睡觉,就你看看我、我看看你熬过来的。"

直到第二天中午,牦牛队才"姗姗来迟"。这一晚的急行军让牦牛们也异常辛苦。一头牦牛一般只能驮运40公斤的物资,而铺设的通信光纤一般是2000米长、总重500公斤。光纤不能被截断,只能分成一卷一卷运上去。运输光纤还不是最困难的,最困难的是运输发电机——有一头牦牛不小心将发电机摔在了雪地上。

大家赶紧卸货,齐心协力把过渡营和前进营的货物分开,完成了第一项作业。山上的风刺骨,雪下得很大,直到4月18日清晨,风才小了一些,雪花也停止了飘落,施工队才开始工作:连接光缆,竖立抱杆,调试发动机,爬上抱杆,安装设备,调试基站。而由李奎、罗桑、旦增桑杰和旦增曲珠4人组成的小分队则向海拔6500米处的前进营进发。

由于极度寒冷,原本平时只需一两个小时就能完成的基站安装变得十分艰难。就拧螺丝这一项,戴着厚厚的保暖手套不太方便,有时只能徒手安装。有些设备附着雪花和水汽结成的冰,手一碰触到设备就粘在上面,一不留神手上的皮肤就会被撕裂……零下几十度,安装工程师们的手在寒风中不停地抖动。经过四五个小时的作业,基站安装终于完成。

华为工程师（后排左一为张永）和中国移动珠峰保障技术组专家们一起在大本营保障基站开通

装完后的基站还要调试。守在珠峰大本营的张永只能采用"云"测试手段，委托客户方的工程师拉平在现场帮忙测试。

测试下行峰值速率为 1.55Gbps，上行峰值速率 170Mbps！

4 月 19 日 15 时 30 分，当张永从对讲机里听到拉平兴奋地说"开通了"的那一刻，他又放下了一块大石头：又完成一个！

同一天，王波和张勇与客户老李等一行人也抵达珠峰大本营，与张永等人开始协调海拔 6500 米处基站建设的物资搬运和基站开通工作，他们还给张永带来了防寒衣物和保障物资。

然而，海拔 6500 米处的两个 5G 基站的建设是最困难也最让人揪心的。

## 一波三折：海拔 6500 米的 5G 开通

海拔 5800 米过渡营到 6500 米前进营，距离近 9 公里，一路都是

"远征军"身旁就是冰塔林

冰塔林,有一段行程几乎被冰川覆盖,冰川之间有裂隙,行走要格外小心,稍有不慎便会摔下去。高强度行走,使大家的体力急剧下降,"所有的内脏像是要崩开一样",大家事后调侃道,可当时只好手拉手、小心翼翼地前行。

艰难抵达海拔 6500 米处营地后,稍做休整,大伙就开始忙碌起来。在贵州长大的李奎进藏才一年,虽然通过了登山学校的培训,但也出现了严重的高原反应,头痛到甚至连利索的回头都做不到,只能请求向导和几位藏族同事一起帮忙安装。在寒风中,他们合力竖起抱杆,艰难拧好每一颗螺丝,费尽全力拉好每一根天线。最困难的是基站的固定,山风剧烈,基站信号发射源角度稍微偏一点,就会导致峰顶无法覆盖 5G 信号。大家一遍遍调整,终于在 4 月 20 日完成了从选址到基站的基础建设。

团队最开始定的计划是 4 月 25 日完成海拔 6500 米基站的开通。正当大伙满怀希望准备开始调试时,一个坏消息,让所有人都泄了气。

因为海拔高,发电机在极寒情况下功率不稳,设备无法正常运转，很快罢工，所有人想尽办法都没法让它重新启动。回到营地帐篷后，登山队工作人员关心地问李奎，什么时候开通 5G、什么时候能上网。作为 90 后，李奎原本觉得上网是一件特别平常的事，但没想到在珠峰却变得如此艰难，但也正是因为艰难，反而更让他认识到作为通信人存在的价值。

李奎把消息反馈到大本营，王波、张勇、张永和客户经过反复讨论后，最终决定从日喀则紧急采购四台发电机送上海拔 6500 米处的站点，每两台发电机支持一个基站。

发电机运上来了，大家准备测试，没想到新的难题又来了。珠峰下起了暴雪，工程师们被迫从海拔 6500 米处撤下来，等待时机。

接连几天，天气依然糟糕，经常是上午还风和日丽，下午就刮起刺骨的寒风，还伴随鹅毛大雪。所有人唯一能做的事，只有等。

直到 4 月 26 日，终于迎来好天气，施工队再次向海拔 6500 米处冲锋！但就在完成所有安装、准备调试开通的时候，意外发生了：原本已经通过了测试验证的光缆出了问题，数据无法顺利回传。原定于 28 日开通的 5G 基站不得不延迟，在海拔 5800 米处和 6500 米处的工作人员不得不分段各自开始排查故障。

此时珠峰再次下起了大雪，这给排查工作带来很大的困难。低温导致柴油发电机无法工作，没办法进行熔纤，工作人员不得不将设备搬到帐篷里靠近火炉的地方；戴着手套不方便操作，就脱下手套在零下十几度的环境里坚持操作。负重巡检和维护，大风肆虐，维护团队多次被迫停下来，躲在大石头后面休息。

经历过这些艰难的时刻，成功也就不远了。4 月 30 日 15 时，随着最后一个光缆接头完成熔纤，所有施工人员都把期待的目光投向负责参数调测的拉平，大家攥紧拳头共同期待着基站开通的那一刻。

客户工程师拉平在海拔 6500 米处成功打通第一个视频电话

"通了，通了！下行 1.31Gbps，上行 120Mbps！"

15 时 55 分，拉平向队员们宣告了这一振奋人心的消息，并和大本营进行了现场视频通话。

接收到视频里传回的画面，大本营现场指挥部随即爆发出热烈的欢呼声。大家互相击掌庆祝，纷纷挤到视频前和拉平打招呼。拉平虽然一脸疲惫，但笑容灿烂，连中央广播电视总台、新华通讯社的视频工作组也加入庆祝的人群中，和华为、中国移动客户一起拍下照片和祝福视频，记录下这历史性一刻。这意味着，从大本营到峰顶的登山线路沿途，已经全覆盖 4G/5G 移动网络。

对现在的很多年轻人来说，上网好像是一件理所当然的轻松事儿，但恐怕只有通信人才能明白，每一个字节都要经过无数的基站，穿过长长的光缆，跨越山川河海，在城市如蛛网般街巷的地下小心穿行，才能到达眼前，变成实实在在的可视的文字和图像，而信号的传输却隐而不见。

对于工程的每个参与者而言，近两个月的日夜奔波，能有幸见证 5G 第一次在世界最高峰"闪耀"，这是一种怎样的荣光！自豪溢满心间，中国移动、华为人，做到了！

## 进击峰顶

5G 基站的开通,只意味着 5G 网络覆盖了珠峰,对华为团队更大的考验是,如何保障新闻机构的 5G 网络视频顺畅直播,以及中国登山队在峰顶的 5G 电话演示,并将珠峰高程测量数据通过网络回传。

4 月下旬,中国移动公司就增派了三名网络性能专家,华为移动系统部的李作舟和机器视觉项目组的同事赵鹏飞也来到了大本营,和登山队、中央广播电视总台、新华通讯社等单位的现场技术人员开始密切沟通,梳理他们的业务需求,帮助调测手机终端、5G 背包等设备,提前做好业务测试和卡号的服务质量策略保障。

5 月 6 日,登山队从大本营出发,计划是 5 月 10 日下午第一次

登顶前夜,下起了大雪

登顶。5月9日，由于气温接近零下25度，用于调试的电脑无法开机和充电。焦头烂额之际，合作伙伴抱着电脑在睡袋里捂了一夜后，5月10日上午9点多电脑终于能开机，并在登山队第一次冲顶前完成了世界最高峰上的摄像机的开通。

然而，因为天气恶劣，登山队一直未能按计划冲顶。直到5月26日，第三次计划登顶的前一天，珠峰大本营突然下起鹅毛大雪，所有团队成员都不由地捏了一把汗，如果这一次错过窗口期，冲顶将变得更难。

到了晚上8点，积雪已经没过脚踝。团队和客户一起一遍遍检查确认直播及网络策略，反复模拟登顶保障的场景，中国移动西藏公司负责5G慢直播的女孩陈程提议："大家辛苦了这么久，要不我们来场海拔最高的K歌比赛吧。放松放松，预祝明日保障成功！""好啊！"大家异口同声。

"这些年，一个人，风也过，雨也走，有过泪，有过错，还记得坚持什么……朋友一生一起走……"随着周华健的《朋友》歌声响起，现场的同事们都暂时放下了手头的工作，纷纷站起来，拿起水杯、氧气瓶作为话筒，大声合唱，身在海拔5800米及6500米处保障的同事们也通过5G视频通话加入到歌唱中，为自己加油打气，沉闷的帐篷里气氛也逐渐热烈了起来。

在珠峰的一个多月时间，一起爬过雪山，一起巡检过基站，一起吸过氧气，一起啃过方便面，也一起为解决问题争吵过，大家早已成了同甘共苦、并肩战斗的战友。

5月27日凌晨4点，登山队员从海拔8300米处营地开始向峰顶攀登。大伙也陪同登山队队长王勇峰围坐在炉火前，等待着队员们的消息。

焦急等待登顶消息的团队成员们

时间在一分一秒过去，对讲机里一片沉寂，只有信号干扰时偶尔传来"刺啦刺啦"的声音。到了早晨 8 点 05 分，登顶队员第一次报告，说他们已经到了第二台阶。此时，中央广播电视总台正在通过华为摄像机的视频流进行全国直播，观众可以通过放大的镜头看到直播影像。

现场人员把大本营指挥部的帐篷围得水泄不通。10 点 30 分，通过放大摄像机焦距，已经可以隐约看到两名登山队员正在尝试登顶，所有人的心都提到了嗓子眼。

11 点 3 分，对讲机里响起熟悉的声音："八名队员已经全部平安登顶！"听到这一消息，所有人热烈欢呼起来，随之而来的是四处

珠峰峰顶 5G 画面

飞溅的香槟。

然而，登顶后，工作并没有结束，因为 5G 直播的画面还没有出来。

后来才知道，因为峰顶能站的人数有限，好位置留给了测量队员，而西藏圣山的摄像阿旺占堆老师不得不站在靠下一点位置，但这样会面临山体对信号的严重遮挡。李作舟和阿旺老师沟通后，阿旺老师挪动到稍好一点的位置，其他成员则不间断监测后台的日志信息，根据连接时的信息反馈做网络优化调整。

每一秒都像一个世纪般漫长，那天帐篷内气温是零度，但李作舟分明能感觉到自己额头上流下的汗珠。终于，设备里传来了阿旺老师的声音："现在有 5G 信号了，我开始直播，请准备接收。"10 秒左右的验证后，中央广播电视总台新闻 App 上出现清晰、稳定的峰顶回传画面，李作舟一时激动得说不出话来，和中央广播电视总台的老师们相拥而泣。

这是人类首次通过 5G 网络，直播珠峰登顶，让无数网友以前所未有的角度和方式，清晰、流畅地"看见"了世界最高峰。所有人无不震撼于珠峰的美，更震撼于这样"美的展现"！

2020 年是人类首次成功从北坡登顶珠峰 60 周年，也是中国首次精确测定并公布珠峰高程的 45 周年。华为帮助中国移动这个客户开通了 5G，这有助于测量信号的实时开通，为珠峰高程测量提供通信保障，也验证了超高海拔地区 5G 信号覆盖的可能性，在持续高风速下 5G 信号的稳定性，在条件恶劣地区通过简易设备传输视频信号的可能性。正如任总在一次采访中所说："华为公司价值体系的理想是为人类服务。"

有人曾问，在珠峰峰顶开通 5G 的意义在哪里？

很久之后，团队成员回到拉萨，坐在一起，回想在珠峰经历的这一切。王波的话道出了所有人的心声："我认为它是科学技术的一次珠峰登顶，它告诉全世界，华为 5G、中国 5G 的底气来自哪里！"

（文字编辑：肖晓峰）

# 在沙漠中追寻不落的太阳

作者：张东旭

15 年间，我一直在巴基斯坦和沙特阿拉伯做项目。在春夏秋冬的轮回里，各种酸甜苦辣也在唇齿间咀嚼回荡。要说最快乐的，还是在数不完的挑战中，一次次冲锋，一点点成长。

我有幸见证并参与了当年全球最大的 Turnkey 项目，欢笑和泪水交织，我也在不经意间，从"写故事的人"变成"故事里的人"。

## 去最艰苦的地方

2006 年 2 月，我加入华为，先在案例培训部工作。部门领导给我布置的第一个任务是去艰苦地区采写故事，我选择去了北非。抵达时是夜里，我没看清屋子就睡下了，早上醒来后惊呆了：这哪里是房子，简直就是柴房嘛！一睁眼就能看见太阳透过木板间的缝隙照进来的阳光。

我所在的这个地区属热带雨林气候，气温很高，雨季时几乎每天中午都会下雨，由于屋顶是用铁皮搭起来的，雨滴打在上面的声音很大，屋里的人说话基本上听不见，必须靠吼，就像吵架一样，

当时的宿舍

和人们通常理解的宿舍、办公室有着天壤之别。

当时的卫生环境比较差,没有太阳直射的地方会生虫。我们只能用瓶装水做饭、刷牙。瓶装水是进口的,每瓶7美元,很贵。我在那里待了半个多月只洗了两次澡。食品匮乏,极度依赖进口,通常只有羊肉、鸡肉、洋白菜、辣椒,能买到什么菜完全凭运气。买不到菜的时候,我们就只能吃白饭,那时真是特别喜欢"老干妈"、方便面。

除了食品匮乏,我印象最深的是疟疾。本地人得疟疾就像感冒,很平常,但中国人受不了,很多人都涂好几层防蚊霜、挂好几层蚊帐。由于当地的厕所都是旱厕,没有水冲,孳生很多蚊子、苍蝇,所以我们每次上厕所之前都得先点火,为的是把蚊子、苍蝇赶走;如厕的时候也尽量"速战速决",那场面还是挺难忘的。

四五个月后,我回到国内,写了一本案例集,名字是《在沙漠中追寻不落的太阳》,描写的是在这么艰难的环境下,连水泥、螺丝钉都没有,我们是怎么帮助当地运营商搞通信建设的事。领导看了非常认可,说这是华为人真实的奋斗故事。

## 从"随军记者"转身项目经理

2006年,公司在海外拿下了两个大型Turnkey项目,一个在巴基斯坦,一个在埃及,其规模和交付难度都很大,公司决定派我去采访,以便及时总结经验并加以推广。于是在当年11月,我去巴基斯坦U项目组担任"随军记者",每天跟着项目组,见缝插针地采访。

Turnkey项目包含规划设计、站点获取、土建施工、电信安装、网络优化、转维验收等多个环节。在电信安装、网络优化等环节,华为有优势,但是在站点获取和土建施工上,我们完全是"门外汉"——费了九牛二虎之力把项目所需用地争取了过来,但不懂怎么盖房子、建铁塔,只能去找分包商合作。而分包商能不能胜任,我们也不知道,只能边做边看。

当时巴基斯坦无线通信业务发展得很快,谁建的站多、建得快,谁的收入就涨得快。集团客户给子网客户下了明确的要求,把压力层层传递给我们和分包商。刚开始,我们的土建分包商有50多家,到后来,有的分包商干不下去,连钱都不要了,把建了半拉子的基站撂下就走了。

公司上上下下十分关注这个项目。重压之下很多动作就变形了:为了赶进度,项目组把容易建的基站先建起来,东一榔头西一棒槌,也不管这一片区的网络是否能打通;建站速度噌噌往上涨,多时达七八百个,但能商用的只有十几个;客户没有收入,开始激烈投诉,从代表处到地区部,再到公司高层,层层投诉。

2007年3月前是最黑暗的一段时期。第一拨项目人员走了,第二拨人顶上来,人员有了很大变化。为了扭转局势,所有人拼了命地干,每天从早晨8点一直干到第二天深夜一两点。而我作为旁观者,很难融入其中,还要强行挤占他们的休息时间采访,心里很内疚。我觉得这样下去是总结不出什么经验的,即使总结了,也是浮在表面。于是,我开始改变策略,帮项目组做点力所能及的事。

一开始我先瞄准一些简单的问题,比如物料的拆箱、物料信息的核对等。后来,我发现自己在项目计划控制上可以使上劲儿。项目包含搬迁和新建站点,为了保证网络质量,要尽量避开在友商站点旁建站,这不能靠拍脑袋决定,而要对站点的搬迁和新建顺序有科学的计划。而我加入华为前曾开发过地图程序,对于地图和网络的拓扑关系有一定研究,于是我向项目总监秦华主动请缨,帮助项目组做项目计划。

做了一阵子,效果不错,秦华问我要不要转身做项目经理,负责项目的计划和控制。我当时想都没想就答应了,因为身处热火朝天的建站环境中,每件事情都是新的、都是以前没见过的,能够在其中有所贡献,我觉得很有成就感,也很兴奋,不觉得辛苦和疲累。

## 惊心动魄的路测

此时,项目的站点搬迁和新建进行得并不顺利,我们亟须一个向客户证明能力的机会。

巴基斯坦西南部边境省有一个比较危险的地方叫白沙瓦，是恐怖活动多发地区。2007年3月，客户要求我们从这个城市开始搬迁已建站点，搬迁完成后再让我们新建站点。

搬迁的时候，毕竟是在机房或者站点上工作，危险相对可控。可是搬迁完之后要测试站点覆盖、通话网络的情况，这就需要跑遍大街小巷去了解。这时，负责测试的分包商不干了："这么危险，我们不能去！你们说得轻松，怎么不自己上呢？"

当时项目组成员大都是有血性的年轻人，想法很简单。这个站点是巴基斯坦国内第一个城市级的站点，客户非常重视。这么多曲折我们都挺过来了，如果不做测试，怎么向客户证明华为的设备好用，怎么证明我们有能力搬迁，怎么进行后面的项目？

于是，大家一拍桌子："我们陪你去！"

分包商愣住了，也被当时的气氛感染了："好！那就一起去！"

去之前，本地员工告诉我们最好低调一些，如果安排太多安保人员随行，会更容易成为抢劫目标。所以我们十几个人分散坐在七八辆车里，走的都是小路。

说实话，我的内心真是无比忐忑。车上还有另外一个入职不久的同事，我们一路互相安慰。"你怕不怕？""不怕！""你怕不怕？""不怕！"我们用这种方式释放压力。

这个路测我们做了两天，好在没有遇到什么危险，路测效果也基本达到客户的要求。回来后，我们给客户汇报。客户很吃惊，也很感动："没想到你们会这么做，你们对网络的重视我们感受到了，相信有这样一股精神的合作伙伴，我们一定能把项目交付好！"继而还嘱咐我们："以后做这样危险的事情一定要知会我们，我们可以商量。"

交付路上会遇上各种"囧事"

分包商也对我们说:"我们原本以为你们会去找客户,申请危险区域用话务统计所采集的数据进行评估,没想到你们真去了。"

回想起来,正是这样一次惊心动魄的路测,让客户看到了华为人的态度和血性,认识到这是一支可以信赖的团队,重建了对华为的信心。

## 我们立的 Flag(目标)兑现了!

当然,这还不足以扭转整个项目交付的局势。毕竟这是一个超过5亿美元的大项目,对客户来说,相当于把全部身家押在华为身上,因此对我们的要求很高。

此前我们一直用土建的思维来看问题,只关注每天建了多少个站,只关注客户考核我们的建站数指标,而没有从网络的视角来看问题——应该先建哪个站、后建哪个站,网络是否能通,是否可以投入商用,客户端是否有收入?

因此,我当上项目经理后,认为当前最大的问题不在于进度,而在于协同。要想项目成功,需要华为的努力,也需要客户以及第三方的协同,任何一方不合拍都会出问题。为此,2007年4月,项目组邀请集团和客户董事会进行对标,与客户最高层达成一致,制定了相对合理又有一定挑战性的目标,保证项目落地不变形。这成为扭转项目局势的关键一步。

有了共识,还要行动。我是负责项目计划和控制的,要落实具体的战略目标,弄清楚当下我们有多大的交付能力,然后把这个能力转化成明确的计划。项目组有一千多人,分散在一个国家的不同区域干活,由于当时没有完善的联络工具和系统,我们每天晚上都要打无数通电话、发无数条短信,了解这一天项目的进展情况,汇总各种信息,然后制定第二天的交付计划。

在这个过程中,我逐渐建立了一套计划控制的规则逻辑,也就是谁发什么样的报表,什么时候发、怎么发、以什么样的规则发,怎么汇总到一张总表上等。

慢慢地,项目交付进入了触底反弹的阶段,交付计划逐渐平稳执行,每个月我们立的 Flag 都开始一一兑现。

## 集体"出逃"之后

不过,子网客户显然对我们有着更高的期待。

每周一,我们都要和客户开会,跟踪项目的进展。只能容纳四十人的客户会议室里，挤满了项目组六七十号人，有些坐着，有些站着，一个个脸上愁云惨淡。四个多小时的时间里，客户的项目总监坐在主席位上，从头到尾指出华为做得不好的地方，那种感觉让人如坐针毡，无地自容。而到了周六下午，客户又会准时打电话过来，预告下周一的会议，让我们做好准备。

连续无休息地工作了几个月后，2007年6月的一个周末，我们实在觉得受不了了。这时，项目组的一个小伙子突然喃喃地说："听说北部山区下雪了，很美。"几个年轻人一听，都蠢蠢欲动。"是登山者都想去的K2营地吗？去不去看看？"大家不约而同地把目光投向了项目总监。

原以为会被泼一盆凉水，没想到他转过头说："我们去看看呗！"还半开玩笑地补充道："如果真的好看，咱们就不回来了！"

我们全都欢呼起来，说走就走。七八个人开了两辆车，直奔北部山区。K2营地太远了，我们没去成，颠簸了十几个小时，到红其拉甫山谷放了个风。

那个地方没有信号，原本每天都会接到无数电话的我，心里忽然涌起一种很慌很空的感觉。第二天，在山脚下溜达时，我的心情慢慢平静了，开始想：如果我们不回去，谁去继续交付那个项目？其实，即使经历了这么多困难，我们从来也没有真的想过打退堂鼓，出来就是想释放一下，释放完再老老实实地回去干活。

两天后，我们回来了。据说客户找了我们整整两天，不仅追踪到我们通话的最后一个基站，还给沿途酒店一个个打电话，就差发"寻人启事"了。

我们承认了自己的冲动，给客户道歉，但也坦诚地说："我们每天都在拼命干，可还是得不到你们的认可。"客户说："我们也没有办法，来自市场部的压力非常大，只能把压力传导给你们。"

这次"出逃"事件后，客户对我们多了一些理解。他们开始回想我们干了什么。如果把时间稍微放长一点，累积起来看，客户会发现华为进步很快。此后，客户开始和我们一起商量想办法解决问题。

拿项目计划和控制来说，以前我们只有数字的晾晒，比如，一个月建50个站，如果没有达到目标，就会被投诉。但现在，我们把50个站点定义清楚，明确下来，如果没有达成目标，双方一起审视是哪里出了问题，是华为的责任还是客户的责任，抑或是第三方的责任，如何去达成？这样锁定站点计划，使大家的心态发生了一个微妙但却重要的变化——我们共同为项目结果负责。

同时，原先我们是从上到下做计划，就是客户"拍脑袋"定一个目标，然后把这个目标分解下去，落实到各个区域、各个小组。到了2007年下半年，我们就开始从下往上做计划：由每个区域的计划控制人员，根据自身的能力以及材料的情况，来决定自己能完成多少个站点，然后把该区域的计划汇总；我再拿着这个计划和客户沟通。这样一来，计划的准确率和达成率有了极大的提升。

2007年底，我们已经有底气说"不会再失败下去"了。每个月计划的达成，让客户越来越相信，这个团队是说话算话的团队，是值得信赖的团队。到了2008年，我们和客户间的流程建立起来了。

自此，U项目每一年都在扩容新建，我们成为客户真正的合作伙伴，谁也离不开谁了。U项目客户的CEO经常在各种场合转述任总跟他讲过的一段话："天冷的时候，朋友就会聚在一起，靠得近一些，互相取暖。"我们刚走到海外的时候，没有Turnkey项目的成功案例，客户给了我们机会去实践，而我们拼命努力，也支撑了项目的成功，成就了客户。

## 每个站点都像自己养大的孩子

巴基斯坦一年都会有几次里氏 5 级左右的地震,刚开始办公条件比较差,我们在一个被震裂的楼里办公,每次地震时都挺吓人。夏天气温能攀上 45℃,每隔一个小时会停一个小时的电,但我们经常开玩笑说,别看巴基斯坦总停电,但至少没有太多的烈性传染病吧。而且,公司没有忘了我们,政策越来越向艰苦地区倾斜,掏钱给我们买燃油发电机,让我们 24 小时有电,也让我们买地盖楼了,让我们的感受越来越好。听说今年年底,代表处将搬到新的独栋大楼,住宿也会公寓化,小环境越来越好了。

回过头看,我没有觉得有特别艰苦的事情。我一直随遇而安,

代表处办公室一角

觉得能工作、能生活，吃得饱、饿不着就可以了。华为人都有这个特质，适应性特别强，一拨儿一拨儿跑出来奋斗，总有干不完的事情，忙到没有时间去想别的。老一辈华为人这样干，我们也这样干，我相信我们的下一拨儿也会这样干，不成文的文化就这样传递下去。

U 项目之后，我又承担了很多次"救火队员"的角色，在沙特阿拉伯、巴基斯坦分别交付过多个重量级项目。如果要问是什么让我坚持下来，我想就是惯性吧！在公司的大环境下，一个挑战接着一个挑战，就这样一路挑战下来。

在这个过程中，很多珍贵的情感在"生根发芽"。比如，我在 U 项目的时候，搬迁了一千多个站点，之后新建了三四千个站点，它们就像自己养大的孩子，让人很难割舍。而且，我还和许多客户成了朋友，积累了历久弥新、越醇越陈的情感。

## 最艰苦的时候收获爱情

在 U 项目最艰苦的时候，我意外地收获了爱情。

我的夫人当时也在项目组。工作过程中我们互相帮忙，在巴基斯坦一起度过了最艰苦的四年岁月。艰难日子里产生的爱情也让彼此越发珍惜，两个人自然而然走到了一块儿。她是个非常要强的项目经理，但为了照顾家庭做出了非常大的牺牲，放弃了在公司继续工作的机会，现在在国内帮我照顾父母和孩子。我一直觉得挺对不起她，内心非常感动。

至于父母，当他们从媒体的只言片语中看到巴基斯坦最危险的消息时，很担心我的安全，也曾劝过我离开。但我跟他们说，一个人的职业生涯说起来很长，但是精彩的部分不会太长，我想趁年轻抒写这段精彩。他们慢慢也都理解我了。

我母亲患有支气管扩张，心脏不太好，但她总觉得孩子在外面工作很不容易，家里的大事小事能扛就扛下来了。2014年她心脏病突发，在医院做了心脏支架，手术完我才知道，当时我抱着电话，哭得稀里哗啦。

有一段时间，我把爸妈接来巴基斯坦住了一段时间。他们那代人都是从苦日子过来的，觉得有劳动能力就要奋斗，就要好好工作。我妈习惯了我每天很晚回去，偶尔回去早一点，她就会问："你是不是犯错误了，怎么这么早回来？"我哭笑不得地打趣道："你是不是我亲妈呀！"

## 我们都站在前辈的肩膀上

华为最吸引我的地方，是提供了一个非常大的舞台，毕业没两年就交给我标的几亿元的项目去做。在给机会挑战的同时，前辈们也会想方设法把经验传授给年轻人。公司为什么能在枪林弹雨中走过来？就是无时无刻不在培养人才，老员工不会忘记新员工。

2007年时我还是新员工，什么都不懂，项目也做得很苦。但项目总监每隔几天就会开车拉我们去伊斯兰堡北边的马格拉山，到山顶看夜景、喝茶，讲他的经历，讲怎样做项目，如何管理团队。艰苦的时候其实最怕没有希望，不知道什么时候是个头。他在传授专业知识的同时，也不断鼓励我们，点燃我们这群年轻人心中的那团火，告诉我们终点一定是光明的，坚持一定会胜利。如今，我们也是这么做的，就像前辈们手把手带我们一样，把经验传递给他们，提供机会，为他们保驾护航，激励他们对未来充满信心。

青春是短暂的,而我的青春基本都挥洒在中东这片热土上了,无怨无悔。从新员工到项目经理,再到如今的管理者,一路走来,我收获了更多的自信,更从容地面对未来。我也收获了一众聊得来的同事们,这是我最宝贵的财富。

想起十五年前,我写的那本案例集的标题——《在沙漠中追寻不落的太阳》,突然觉得这和自己的人生轨迹如此吻合。我知道,那一轮不落的太阳至今仍高高挂在我的心间、我的梦里……

(文字编辑:江晓奕)

# 破局:"每分钟我们前进22米!"

M项目组

2012年3月的一次高层会议上,H集团CEO面色铁青。面对华为几乎原地踏步的交付进度,他发出最后通牒:"M项目投资巨大,H集团和华为都无法承受失败……我们对华为交付能力表示非常担忧,将在3个月后对项目进行审计,决定是否还由华为继续做这个项目。"语气中充满失望与愤怒,说完他拂袖而去。

交付才3个月,M项目作为当年全球最大的网络设备及Turnkey项目,就要遭遇滑铁卢,这中间到底发生了什么?

项目组合影

## 名副其实的"巨无霸"项目

时钟拨回至 2009 年，H 集团要在印度尼西亚投资数亿美元建 2G 和 3G 网络，华为突破重重困难率先开通了实验站，拿下了这个巨无霸项目——M 项目。

M 项目无论是从交付范围、交付量还是交付场景来看，都是一个史无前例的超级工程：交付范围覆盖该国 13 个区域的上万个岛屿，东西横跨 3 个时区、相距 3500 公里，南北跨越 1500 公里；华为要在 18 个月时间里完成 1.8 万个无线站点和 1.6 万跳微波站点建设，铺设 2600 公里的光缆，安装调试数百套核心网络设备，而且项目涉及几乎所有的交付场景，包括 Turnkey、OSP（Outside Plant，外线施工）、新建、搬迁、重部、升级、IP 改造以及多厂商管理服务……所有区域的项目经理至少需要 1 个月的时间，才能理解这个项目的交付范围。

项目既然拿到了，就要兑现对客户的承诺！迎难而上，是我们唯一的选择。

2012 年 1 月，M 项目正式启动交付。由 840 人组成的华为团队和 700 支分包商队伍，开始日夜奋战在印度尼西亚全国的 13 个区域内。

## "我的信用在客户那里已经被刷爆了"

交付启动不久，匪夷所思的情况就出现了：一边是 2 亿美元的货物挤爆仓库；另一边是站点"望眼欲穿"，根本找不到相匹配的货物。

原因很简单，项目的物料需求过于庞大，当时没有任何一个规划工具可以精准匹配出站点所需的物料：无线规划 Excel 数据库文件打开时间超过 20 分钟，站点管理系统瘫痪无法使用……微波容量需求、外线光缆设计、全网 IP 规划等环节，纷纷需要等待周边团队人工输出。身处信息化条件下的现代战争中，我们却只有"小米加步枪"。

工具不好用，人员配置也跟不上。华为当时虽有 840 名自有人员，可现有人员的素质模型与岗位所需的并不匹配，关键岗位仍大量空缺。组织协同作战能力低下，各单位各自为战，如同正规军打游击战，无法发挥大兵团作战优势。

项目交付了 3 个月，月交付不足 900 个网元，不到项目总数的 2%，这让客户严重怀疑华为的交付能力。重压之下，一些区域的项目经理甚至流下了眼泪。

对口支持南太平洋地区的微波研发主管张继超清楚记得，他第一次和代表处领导、项目经理去见客户，就被迎头痛击，晚上 9 点多灰头土脸地回到办公室，扒盒饭的时候，项目经理落寞地对他说："我的信用在客户那里已经被刷爆了。"

项目群管理能力严重不足，整网交付能力问题非常大，投诉邮件越来越多，级别越来越高，最终触发了 H 集团 CEO 的"最后通牒"，这也就有了开头的那一幕。

## 千里驰援，困境中艰难突围

机关的项目管理办公室前移至一线，组织了一大批勘测、设计、规划专家从全球各地赶往印度尼西亚。南太平洋地区部副总裁万学军出任项目经理，重组项目管理团队。

2012年5月的万隆会议上，项目管理团队向全体员工发出了总攻命令，并确定了"四个战略转变"和"一个协同"。也是从这一刻开始，项目开始进入触底反弹的阶段。

首先，从单项目管理转向项目群管理：重组项目管理团队，并设立项目管理办公室、技术管理办公室和业务运营办公室三大业务支撑单元，理顺各平台支撑部门的目标、任务和责任，使集成资源、协同作战成为可能。

其次，重组13大区域项目管理办公室，调整和补充各区域项目经理，明确各区域交付目标、任务、进度要求和考核要求，从平台集中监管转向区域自主管理。

最后，基于网络基础成熟度和客户的诉求，将项目涉及的近千个岛屿重新排列优先级，将该国划分为150个城镇进行商用，重点保障3G站点的商用，发展高端用户及数据业务。"客户成功也就是华为的成功"的理念，在团队内部达成共识。

为帮助采购认证分包商，该国交付副代表徐云松和采购项目经理跑遍了全国12个大中城市，行程上万公里，分包资源从700支队伍快速扩充到1500支队伍。

在客户协同方面，通过香港高层会议，项目管理团体推动H集团CTO将位于香港H集团环球总部的办公室，搬到了位于雅加达的华为11楼，以便及时了解项目进展以及困难点，调集客户力量协同作战。

短期内"重装旅"规模集结以及与客户协同作战，为M项目冲出重围并顺利交付奠定了坚实的基础。

## 攻克"阿喀琉斯之踵"

职责清晰了,人员到位了,所有人都"力出一孔",却还要解决一个症结——微波物料的匹配问题。

之前华为做的项目规模微波最多上千跳,项目的规划、计划和变更,通过纸面记录和 Excel 表格都很好管理,但当一个项目的规模微波超过 1 万跳的时候,这些都做不了。一个简单的计算,Excel 就直接瘫痪了。而要改变现状,就必须打造出能支撑海量交付的应用工具,把信息"高速公路"建起来!

研发工具开发小组迅速进驻印度尼西亚,与一线员工并肩作战。大家在一线跑站点、跑库房、梳理工具需求,在既有工具的基础上现场写代码,根据 M 项目实际交付场景,现场开发系列化工具。每完成一个工具,开发小组就马上到一线试用,有效了就组织合作方进行培训和推广。

很快,一个个工具被开发出来。微波物料需求工具让物料匹配的效率提升了 15 倍,准确率由原来 30% 提升到 90%。Smart Wireless(智能无线)工具也让无线搬迁脚本配置提升了 3 倍。

同一时间,M 项目物料供给团队为了算清楚未来 3 个月的滚动要货计划也在挑灯夜战。

为了抢时间,本地员工 Navy 在偏僻的库房工作,连续多日没有回宿舍,他的妻子打来的电话和发来的短信也没有及时回复。妻子担心他的身体,让同事给他传话,"再忙都要吃饭,都要睡觉,再晚都会等你回家"。Navy 听到妻子的嘱咐时两眼湿润,却只能匆匆抹去泪水,睁大双眼继续投入到工作中。

努力总会有回报。掌握未来 3 个月要做多少站点、使用多少微波物料、这些物料分别是什么频段的物料后，物料供给团队可以根据计划，调配中心仓库和十几个区域仓库的微波物料数量。以往的微波物料直发各区域库房的形式，也更改为"机关——雅加达中心库房——区域库房"的分配模式，变分散管理为集中管理，最大限度提高物料的复合使用率。

交付指标节节攀升，微波物料问题迎刃而解。徐云松激动地说："以前一个月都整不清的数据，现在两三天就搞定了，兄弟们周末终于可以睡个懒觉了。"

## 每 1 分钟，我们前进 22 米

然而，按下葫芦又浮起了瓢。当 M 项目管理团队启动微波规划设计时，几乎所有人都惊呆了：超过载重几倍的天线被挂在同一个铁塔上，同一个站点居然要 360 度打出 127 个微波方向，铁塔下的设备因串联得太多而摆放不下……设计明显有问题。

项目组对微波规划设计进行了初步分析，发现有 1200 跳微波将会因为频率而无法安装，需要用 5100 公里的光缆骨干链路来替代。这将导致整个项目出现巨大亏损，项目组为之震惊不已。

难道我们要在这个项目中惨败吗？

项目组顶住巨大的压力，紧急调送 30 台先进扫频仪器，加快扫频进度。网络规划设计专家茆耀东带领一批技术骨干，和客户团队一起封闭数十天，重新优化规划方案，原光缆替代方案也从最初预计的 5100 公里降低至 273 公里。

与此同时，2600 多公里长的坑道挖掘和光缆铺设工程也浩浩荡

土建施工几乎全靠人力来完成

荡地拉开了帷幕。OSP项目经理李敬庆带领团队走上了边摸索边交付之路。"光缆要穿越沼泽和原始森林，尤其是原始森林，你不知道当你埋头挖掘的时候，会从草丛和森林里蹦出什么动物，有时候是猴子，有时候则会出现一条巨大的蜥蜴。"李敬庆如此说。

路途遥远，场景复杂，项目高峰期人力投入超过3200人，但只有不足0.1%的人是华为员工，1.7%是新招聘外协人员，其余的均为合作方施工团队的成员，其管理难度可见一斑。

为此，李敬庆选择了一个环路做试验局，以此来考查分包商的交付能力。通过施工的流程与规范的讲解，配合站点的质量管理，以及分包商的资源计划和项目计划的配置等，以此来提升分包商能力。

而这个试验局的开通也异常艰苦。他还记得在试验环最后冲刺

边摸索边交付的 OSP 团队

阶段，他和当地的技术骨干员工 Ichsan 在荒郊野外一个站点处理问题，一直干到凌晨 3 点。看对方一脸疲惫，李敬庆说："要不我们回去休息一下，明天下午再继续干？"一旁的 Ichsan 头都没抬地说："也许再坚持两个小时，我们就能把问题解决了。"天亮前他们果然调通了环路，给试验环画上了一个完美句号。

敢打硬仗的团队和有效的管理，这使管道建设速度迅速提升，平均每 1 分钟前进 22 米。最终，OSP 团队在印度尼西亚全国 13 个省区的广袤平原、丘陵、原始森林和沼泽区域，完成了所有的坑道挖掘和光缆铺设，工期也从 18 个月破天荒地缩短到 16 个月。

## 重新赢回客户的信赖

到了 2012 年 9 月，客户惊讶地发现，交付进度节节攀升，月产出从 2012 年 3 月份的不足 900 网元提升到 3000 网元，效率足足提升了 200%；2012 年 10 月底，光缆铺设进度全面超越基线计划，3G 站点交付进度追上项目计划；2012 年底，2G 站点追上计划进度，90% 以上的区域已经完成站点开通。

至此，M 项目已经驶入交付快车道，华为短时间内所展现出的能力跃升，超出了所有人的想象。

在 2012 年 12 月双方的月度例会上，H 集团 CEO 专门召开了午餐会，对华为项目组提出表扬，CTO 还给华为发来了感谢信。据说这是 H 集团历史上头一次给供应商发感谢信。

M 项目的成功，加速了 H 集团向一流移动运营商迈进的步伐，并以超一流的上网体验赢得了越来越多用户的青睐。我们兑现了给客户许下的"拿着 iPad 随处冲浪"的承诺！

2014 年之后，我们又继续交付了 M 项目的第二期、第三期工程：组织层面，印度尼西亚代表处成立了区域交付团队，把责任管理重心落实到区域，让项目管理更加有的放矢；解决方案方面，增加光纤的覆盖范围，确保链路稳定性；数字化能力方面，ISDP 的搭建，让数据可视、协同排产效率节节攀升……如果说之前的交付过程是波澜壮阔、遍体鳞伤，后来的交付就可以用静水流深、顺畅平滑来形容。我们一次次用行动证明自己的实力，成为客户最信赖的合作伙伴！

"事非经过不知难。从泥坑里爬起来，从最困难的地方站起来，现在无论遇到多复杂的项目都不怕了！"负责第二、三期项目的交付主管文海军说出了一众在 M 项目中历练过的兄弟姐妹的心声。

　　回过头看，华为凭借 M 项目的成功，不仅一举奠定了在印度尼西亚电信市场的地位，更重要的是，项目交付过程中所暴露出的问题和流程缺陷在交付过程中得到了修正和优化。那些日子掉进过的那些"坑"，成了我们最宝贵的经验财富，完善和发展了公司项目管理方法，促进了 GTS 交付管理的巨大进步。

（文字编辑：江晓奕）

# 红日

瑞士P3比拼保障项目组

2016年12月初，深冬的瑞士早已披上了银装，白雪皑皑的马特洪峰静静矗立，城市的大街小巷开始弥漫着圣诞节的气息。我们和A客户围坐在一家常去的中式火锅店里聚餐庆祝。

11月底，欧洲权威通信杂志 CONNECT 发布2016年度P3 "The Great Mobile Network Test（最好的移动网络测试）"结果，A客户网络在所有参与比拼的三国十家运营商中排名第一，实现了从2012年的垫底到区域第一的逆袭，语音业务更是在所有参评运营商中连续三年排名第一。

"命运就算颠沛流离，命运就算曲折离奇……从何时有你有你伴我，给我热烈地拍和，像红日之火燃点真的我，结伴行千山也定能踏过……"热腾腾的火锅下肚，我们拿出了自带的K歌设备，德文、英文、中文轮流上阵，所有人开始载歌载舞。有人点了香港歌手李克勤的这首《红日》，旋律朗朗上口，客户尽管不会说中文，但还是忍不住也跟着哼唱起来。

奇妙的是，这首歌也从此成为我们和A客户每年庆功宴上的保留曲目。

华为牵手 A 客户已八年。八年间，瑞士的华为人以 P3 比拼为契机，一心一意"趴"在客户网络上，不断优化网络体验，铺就了一张让客户引以为豪的"瑞士制造"的高品质网络，在通信高端市场打造出华为的高品质品牌。

## 我们活下来了

2012 年底，瑞士 A 客户选择华为覆盖了从无线、传输到核心网的整网搬迁以及独家代理维护服务。

这是多年不得其门而入的华为第一次进入瑞士的电信市场。

所有人都在为突破高端市场欢欣雀跃，然而突破的关键是要完成客户在搬迁合同中明确提出的挑战目标：P3 网络测评的分数要在 2013 年超过瑞士 B 运营商，或者超过 400 分。

P3 网络测评是什么？这是很多刚接触这一项目的人的第一个疑问。而大家更没想到的是，"网络测评"这个名词未来数年将一直与瑞士的华为人形影不离。

P3 测评是由欧洲权威通信杂志 *CONNECT* 委托德国管理咨询公司 P3 所做的第三方测试，按相同的标准对运营商网络打分排名。这是一套完整的用户体验模拟测试，主要涉及语音和数据业务的多项 KPI（Key Performance Indicators，关键性能指标）和 KQI（Key Quality Indicator，关键质量指标），通常是每年的 10 月初启动，11 月底或者 12 月初公开发布测评结果。由于测评结果关乎运营商口碑、市场品牌、用户选网以及管理层评价，被运营商视为年终大考，因此也自然成为对其供应商的大考。

2012 年 A 客户网络的测评结果很不理想，在欧洲德语区三国（德国、奥地利和瑞士）十家运营商中排名最末位，得分为 356 分。这已经是 A 客户连续几年排名垫底了。

A 客户此时选择华为，对华为寄予厚望的同时，也给团队带来了不小的压力。

2013 年是我们第一次在欧洲市场参与 P3 保障，毫无经验可言。而且，A 客户的网络不仅仅是测评分数垫底，还面临更大的难题：受过去规划和投资影响，基础网络"先天不足"，物理站点偏少，加上短期内整网搬迁又可能会带来巨大的风险和挑战……

3 月，因为整网搬迁正在进行，A 客户网络第一季度质量摸底未见改善，排名还是垫底。

A 客户很痛苦。团队也承受着心理压力，每周四与 A 客户的高层例会上，进度、质量、VIP 等问题层出不穷。"第一次参加会议我就蒙了，没想到气氛会那么压抑、问题会那么多。"新到任的无线网优技术负责人王海说。

6 月 13 日，A 客户用户体验主管抱怨用户流失的情况在持续，有的用户掉话现象比较严重。A 客户新到任的 CTO 表示，网络质量已经严重影响其品牌与市场，董事会只认可 P3 测评的结果。A 客户董事长甚至直接向华为轮值董事长投诉华为的网络质量与服务水平。

网络的质量好比一座"金字塔"，从网络的规划设计到网络建设工程实施，再到基础优化、专题优化，最终到基于用户体验 KQI 的提升优化，其终极目的是打造一张基于用户体验的高质量无线网络。这一过程并非一蹴而就，它需要时间去筑造和打磨，但 A 客户与市场又等不了。背水一战的我们，能置之死地而后生吗？

6 月 30 日，项目经理梁世铭、项目技术总负责王楠斌对 A 客户郑重承诺，华为将实现年度三大挑战目标：提前完成搬迁、4G 提前上线、P3 比拼成功。

离测评还有三个月时间，项目组和 A 客户一起制定目标网的战略规划，围绕 P3 比拼启动了"基础网络提升""差距分析与专题优化""重点小区冲刺与比拼保障"的"三大战役"。后方服务、研发的兄弟姐妹从全球四面八方驰援瑞士，组成了包含一线实施团队、服务支持团队、研发保障团队的联合攻坚部队。

一线实施团队负责站点搬迁和火力配备，持续摸底路测和站点调整，提升基础网络能力；服务支持团队负责方案规划和火力覆盖，进行海量的数据分析和问题排查、特性与参数部署，以便高效、优质地搬迁友商设备；研发保障团队负责定位网络问题的原因和持续优化竞争力。事实证明，这样的搭配和打法是我们最终取得成功的强有力保障。

很多国际组织的总部在瑞士。为了解决搬迁后的终端兼容性问题，项目组把市面上的主流终端都买来，提前在现网测试床和研发实验室进行预验证，避免问题在现网出现。技术团队主动做了全网终端渗透率的月度分析，让客户清楚，面向更好制式、更佳体验的网络搬迁需要有充分的终端能力支撑，才能实现网络的平滑演进。

通常，在确定整体的网络优化策略以及新版本特性落地后，团队就需要对每个站点逐个进行测试和迭代优化，因此路测是一个绕不过去的"坎"。对游人来说是人间天堂的瑞士，却是项目组痛苦的"泥沼"。瑞士多山地、多湖，短隧道也多，山体会遮挡信号，湖面会反射信号，隧道也不利于无线网络覆盖优化。为了定位一个问题，一位同事在同一站点转圈 20 多次进行测试，由于长时间盯看屏幕进行现场抓取和数据记录，最后导致呕吐。为了将细节做到最极致，项目组成员们不厌其烦，前后 7 次提升重点小区的处理标准……

最痛苦的时候，往往就是成长最快的时候。在日复一日的不懈努力下，华为2013年底接手后第一次P3测评成绩出炉，A客户网络从过去的356分提升到405分，在三国十个运营商中排名首次升至第五，在瑞士三个运营商中排名第二。

我们实现了挑战目标！

A客户第一时间将这一测评结果通过短信告知其终端用户，并在清晨的苏黎士湖畔放飞了3万只彩色气球。A客户高层称赞，只有华为能在短期内做出这样的成绩，换任何一个供应商都不可能做出这样的成绩。

当彩色气球飞向天空时，只有我们自己知道，近一年的时间里我们经历了什么——懵懵懂懂中上"考场"，无数个日日夜夜，我们迷茫过、沮丧过，在不断的否定与自我否定再否定中为最后的目标坚持、再坚持。

不是因为有了希望才去坚持，而是因为坚持才有了希望。我们，活下来了！

## 天堂和地狱只有一分之差

2014年，瑞士市场的竞争更加激烈，A客户的基础网络、物理站点数远不及其他运营商，投资也晚了近一年，面临的是几乎具有压倒性竞争优势的对手。更让人扎心的是，尽管第一年我们完成了目标，改善了A客户网络，但A客户对我们依然没有足够的信任，再次把P3目标写进合同：如果目标未实现，A客户将按合同执行巨额罚款。

王楠斌这样总结道："当我们还在提升A客户3G覆盖率时，为其他运营商建网的友商已经开始了4G建设；当我们努力加快4G建设进度时,友商已经放出了 20M 频谱的大招,我们不得不用 10M 与之'火拼';当我们还在为 2G 话务占比高达 70% 头痛的时候,友商已经悄然开启了 HD Voice(高清语音)。"

狭路相逢勇者胜,没有路的时候唯有自己闯出一条路。

"如最终整体目标未实现,本人愿接受降级、撤职的处分。"2014 年 4 月 30 日,项目技术负责人之一李保应和另外两名主管梁世铭、李大恩三人向西欧地区部签下了这份军令状。那时,从全球面试选拔出来的李保应刚来瑞士常驻还不到两个月,"'压力山大',但是就像打仗一样,我们不能做逃兵"。

既然 4G 覆盖和频谱处于相对弱势,在督促 A 客户持续加站的同时,项目组也瞄准了进攻的突破口:语音。因为语音受频谱带宽和 4G 覆盖的影响相对较小,而且语音质量的好坏是影响客户感知体验的重要组成部分,在 P3 测评的比分构成中占比高达 40%。

7 月 8 日,代表处与 A 客户高层对标,成立 CONNECT 测试联合团队,按照梳理出的 12 个模块共 89 项关键任务,誓师在三个月内完成。誓师大会上,项目经理梁世铭第一个跳上台,立誓要帮助客户达成目标。接着,入职不到两年的沈昌高站出来,承担了痛苦的掉话专题项目;"小鲜肉"何方睿也站出来,承担了复杂的核心网专题;还有本地新员工 David……

大家纷纷站出来,挑起接入、掉话、呼叫建立时长等多个专项任务,发誓要确保项目的每一个环节不出纰漏:不因为邻区漏配导致任何一次掉话,不因为未知拥塞导致任何一次接入失败,不因为异常覆盖导致任何一次语音质差。

9 月,阶段性网络摸底结果还是不太理想,而留给我们的时间不多了。代表处随即发起了全员路测,总经办主管滕舟优化出一个傻瓜版"路测指导书",交付副代表每天上下班用路测工具测试关键路线,甚至不懂技术的行政文员在上下班的时候也能主动测试、反馈网络问题。一个月下来,全员路测近5万公里,及时把路线上能找到的问题点进行优化闭环。

10月2日晚9点,A客户高层走进灯火通明的"作战室":王旭升和李大恩领衔的实施团队,正在为最终目标站点上线做最后的努力;李保应牵头的技术管理团队,可谓是项目的大脑和发动机,也是所有策略、方案、网络优化的发源地;传输团队,在为打通每一跳带宽而殚精竭虑……眼前的这一幕让A客户高层深受感动,竟破天荒的第一次主动要求和华为团队合影,记录下这令人难忘的一刻。A客户高层的现场慰问,让团队备受鼓舞。

正式比拼开始后,所有人各就各位。没想到,意外很快出现。在基于现网例行信号命令分析时发现,一个流程交叉的问题突然出现。一天下来,分析区域的语音接入,失败高达5次以上。

语音是我们的重头戏,如果持续失败,这必将影响测试的最终结果。而当时唯一的办法是,版本补丁修正。可是,临时打补丁来得及吗?补丁质量能有保障吗?万一引入后产生新的问题呢?

关键时刻,王楠斌和李保应在一块白板上进行简单推演。推演发现,如果能在两天内完成补丁升级,就还有机会翻盘。

两人力排众议,决心破釜沉舟:打补丁!这是一着险棋,但也是唯一的机会。无线产品线专家钱进牵头的研发保障团队也非常给力,发动车轮战。王楠斌同步与A客户CTO沟通,在关键时刻A客户CTO力挺这个非常规的高风险决策。通过前后方连续攻坚48个小时,团队完成了补丁和现网升级。

团队又当晚确定了工作计划:22点30分开始,兵分四路,在关键站点连夜进行路测，分析 KPI 是否正常，一直持续到次日清晨，以验证补丁是否存在问题。连续三天攻关的李保应，这下放下紧绷的神经，松了一口气。后来，研发团队梳理出数十种场景下可能会出现的流程交叉问题，在第二年的新版本中予以全部解决。

正是有这样的专业精神，才成就了最后的成功。2014 年，A 客户 P3 测评得分 442 分，在 2013 年度基础上再次实现了飞跃，三国十个运营商中排名升至第三，在瑞士运营商中排名第二，以 1 分险胜瑞士原排名第二的运营商，语音首次实现十个运营商中排名第一，网络级别也提升到当时的最高等级"Very Good（非常好）"。

事后回想起来，李保应仍心有余悸："如果当初不打补丁，那很可能就是另一个结果了。"

庆功宴上，A 客户忍不住地感慨万分道："太惊险了！1 分就是天堂和地狱之差啊。"

通过连续两年的提升，团队充分展示了华为端到端解决问题的能力和专业的服务精神，扩大了华为在瑞士这块战略高地上的品牌效应，从而给欧洲运营商市场带来极大的震撼。很快，华为也在西欧其他国家的 P3 比拼中崭露头角。

## 我们要当第一

时间来到 2016 年，尽管 A 客户在不断建设自己的网络，但其与竞争对手的差距却在不断拉大。对手的网络已接近无缝覆盖，即使 A 客户能完成年度建网目标，但 4G 物理站点依然少于其他运营商。

出人意料的是，时任瑞士代表肖海军和交付副代表钮军给项目组提出了一个更高的目标：我们要挑战第一！

2016年P3比拼保障团队誓师大会

了解网络优化的人可能知道，无线网络是一直动态发展的，网络质量的提升没有终点，"没有最好，只有更好"，在网络的KPI达到一定水平以后，要想再往上提升一点点都可能要付出之前数倍的努力。更何况，A客户还与第一名存在"天然"的差距。

"说实话，去瑞士之前听到'挑战第一'这个消息，我的第一反应是Mission Impossible（不可能完成的任务）！"王海参加过2013年首战，一直持续关注着P3比拼的最新情况，这次再去瑞士现场保障时，他有些担心，经过三年的持续优化，现网已经升到了已有的最强版本，我们在客户网络中基本上能放的"大招"都放了，挑战能成功吗？不仅是他，项目组的很多同事也在心里打问号。

但李保应是有底气的。经过三年的持续积累，项目组已经拥有较为丰富的 P3 比拼优化经验，事实上形成了一套相对成熟的系统打法，并在西欧各个 P3 保障项目中得到成功应用，而且一线、研发、服务团队之间合作早已亲密无间，更何况产品还引入两个杀手级特性：水晶语音增强方案和 Flash CSFB（电路域回落），可以提升语音质量和降低呼叫等待时长。而 A 客户对手新上线的 VoLTE（Voice over LTE，4G 高清语音业务）还不够稳定，这对项目组反倒是一个逆袭的机会。

成为第一是项目组每一个成员的梦想，"我们觉得是时候挑战了"。

于是，从年初开始，项目组就和 A 客户对齐总体策略与规划思路。网络性能提升最关键的是打好基础，犹如一栋建筑要先打好地基一样。项目组将"基础优化"几乎做到极致。所谓基础优化，并没有什么特别的含义，无非就是每一个网规网优人员都耳熟能详的一项项例行优化工作，比如参数核查、邻区优化、覆盖优化等，做到持续迭代和精细。

每节省一分钟，每多解决一个问题，就离成功更近一步。团队首创了在线调整与迭代优化的创新方法，针对重点弱覆盖区域的地形地貌，现场测试，现场优化。由于瑞士有严格的站点电磁辐射安全规范，难以通过功率提升或工参调整等来提升覆盖或降低干扰，因此，哪怕是 0.1dB（增益单位）级别的微调，团队也要尽力调整。路测队伍夜以继日，对每一个城市、小镇，每一条高速公路、铁路，每一条隧道，每一个问题路线都进行多轮测试，绝不放过任何一个可以改善的问题点。一天测试的里程数甚至超过 1000 公里，只为将优化时间缩短、再缩短。

此外，现场团队在测试记录里发现了一个小概率异常事件，如果不解决就有可能影响测评结果。于是，在配合总部研发团队进行代码审视来负向分析问题的同时，现场团队也同步通过路测来尝试复现该异常现象。

由于异常场景的触发点是常见的无线、核心网等切换流程，无法通过修改网络参数的方式来构建，只能通过围绕站点转圈来制造切换场景。李保应和第一次在瑞士现场参加保障的网规网优工程师黄一鹏，在苏黎世东南方向的小镇埃格连续路测了三天，终于在数千次的测试记录中复现了问题，从而通过日志分析确认了当时 4G 基站版本中的一个隐藏缺陷。研发队伍随即迅速发布新版本来解决缺陷，团队也在最终测评前消除了一个隐患。

2016 年，A 客户网络以 475 分，数据和语音双第一的成绩在三国十个运营商中摘取桂冠。因为成绩优秀，P3 特意将原来网络级别的最高等级"Very Good"历史性调整为"Outstanding（杰出）"，授予了 A 客户。

A 客户并不知道华为项目组给自己暗暗设定了挑战第一的目标，得知这一成绩后，无比惊讶，盛赞他们拥有非常了不起的合作伙伴，如果没有华为，特别是这些华为工程师们，他们不可能取得今天的成绩！A 客户集团董事会主席还专门发函给华为轮值董事长表示感谢，并希望未来能更进一步合作。

这里还有一个小插曲。知道 P3 测试结果的那天晚上，肖海军将李保应和系统部部长刘许成叫到家里。三人感慨万千，不记得喝掉了多少瓶酒，只记得最后酩酊大醉，抱头痛哭。

肖海军说，通过四年的不断积累和总结，P3 比拼保障已经从初期的公司 / 地区部专家集结，逐渐过渡到以本地交付为主。项目组的"Passionate（激情）、Potential（潜力）、Possible（可能）"的精神特质也已经成为瑞士华为人的 P3 精神，驱动着代表处业务不断向前发展，也激励着团队持续提升服务客户的质量和水平。

从倒数第一到真正第一，成功的道路上没有捷径。团队以近乎执拗的精神如"蜘蛛"般趴在客户的网络上，挖掘网络中每一个细小的问题，优化每一个微小的增益点，最终为客户编织出了一张拥有良好体验的高质量网络。

## 做 5G 网络的先锋

2017 年，"第一"是靠运气的质疑声出现。面对竞争全面白热化，项目组再接再厉，继续保持了最高等级的"Outstanding"。更为重要的是，这一年年底，5G 方兴未艾，A 客户希望通信网络也能像"瑞士制造"的产品一样，实现 5G 领先。项目组联合 A 客户在苏黎世于 2017 年当年共同完成了 5G 实验室测试，率先开始了 5G 商用的

2020 年 CONNECT 测试誓师大会

探索；2018年，助力A客户完成欧洲第一个5G站点开通；2019年，与A客户成立5G联合创新中心——这是欧洲第一个基于5G网络基础上的创新业务孵化中心，以期在5G覆盖和性能上都能大幅度领先竞争对手。

在EMF（Electromagnetic Field，电磁辐射）管制最严、民众对5G支持率较低的情况下，研发团队提前三个月发布BladeAAU（Blade Active Antenna Unit，5G超级刀片站），实现4G和5G站点共主控／共基带，简化站点配置，克服短时间内站点准入和适配等困难，加快5G部署节奏。优化团队继续将"基础优化"做到极致，通过5G农场、5G雪场、5G工厂、5G球场的建设，充分展现了华为从建设网络到构建生态端到端的能力。

2020年P3正式测试前的动员聚餐

路测时经过某段不知名山路上所见到的两山夹一川的河口

2019年,A客户再度获评"打造了瑞士规模最大、速度最快的5G网络",并被授予"欧洲唯一的5G创新奖"。

A客户给华为发来的祝贺邮件中写道:"我们在欧洲和瑞士是5G先锋,我们是5G领先者。"字里行间难掩激动之情。

2020年新冠疫情暴发后,外部营商环境恶化,但项目组始终如一地以协助客户争取网络领先为最重要的目标,持续不断地对客户网络进行优化验证。11月26日,第三方测评公司再次授予A客户"瑞士最快5G网络"和"欧洲5G创新奖"。

八年走来,为了给A客户打造一张高质量的网络,华为瑞士P3比拼保障团队,一路奔驰在瑞士高原上。他们曾在阿尔卑斯山底的隧道中穿行,也曾沿莱茵河蜿蜒前进;曾在满目金黄的油菜花田旁呼啸而过,也曾在常年积雪的山脚下驻足停留;曾在热闹的城市里

一同经历路测的小伙伴们

从早转到晚,也曾在静谧的湖边享受短暂的休憩;曾见过清晨的冉冉红日,也曾仰望过深夜的满天星辰。他们一步一个脚印埋首于网络的优化、再优化。所有参与者说,只要能成就客户,一切都值了。

谁是最可爱的人?是那些迭代路测的人,是那些挑灯攻关的人,是那些上站调优的人,是那些开通特性并持续优化的人,是每一个参与网络保障的人。他们有一个共同的名字:华为人。

2021年,新的挑战仍在继续。一路风雨一路歌,一路花香一路唱。未来不管有多大的风浪,我们相信,携手客户,只要有华为人在,就能看到那轮喷薄升起的"红日"。

(文字编辑:肖晓峰)

# 十六载朝圣保障路

**Hajj保障项目组**

位于沙特阿拉伯西部赛拉特山区一条狭窄山谷里的圣城麦加,是全球穆斯林心中共同的圣地。伊斯兰教经典《古兰经》载:凡能旅行到"天房"(即克尔白圣殿)者,人人都有为真主而朝觐"天房"的义务。

每年伊斯兰历的12月,全球各地的数百万穆斯林都会赶往麦加,完成长达5天的朝觐。每一位朝觐的穆斯林,在麦加市区26平方公里的区域里,都会在几个朝觐地点间做有规律的徒步移动。仅以麦加城中心的大清真寺(又称禁寺)为例,总面积16万平方米,可同时容纳30万名穆斯林做礼拜。在移动通信时代,他们在祈祷前一起关闭手机,又在祈祷完成后一起开机,用语音、短信、邮件甚至视频通话的方式向亲朋好友分享朝圣的喜悦、恩宠和荣耀。在朝觐期间,麦加地区的移动用户超过200万。

如此高密度、整齐规律的话务场景,给通信网络带来了世界罕见的话务尖峰挑战:

超过200万个移动用户同时进行频繁操作;

最大瞬间话务量超出平时的几十倍,甚至上百倍;

麦加朝觐现场

短消息次数和网络切换次数是平时的几十、上百倍；

平均每天话务浪涌至少会出现 5 次以上……

负责 Hajj（朝觐）通信保障的沙特阿拉伯运营商 A，每年都要面临这样极端话务的冲击和考验，这也可以说是一个世界级电信难题。

2020 年是华为为沙特阿拉伯提供麦加朝觐通信保障服务的第 16 个年头。从 2005 年艰辛起步，华为在这片漫天黄沙的土地上连续创造了 16 战 16 捷的奇迹，不仅开启了华为全球重大事件保障交付的征程，更是"成就客户"的成功样本，走出了一条不寻常的"朝圣之路"。

## 一线曙光

2005 年前，每一个来麦加朝觐的穆斯林，面临的是令人崩溃的网络：频繁掉话、单通和闪断、宕机、无休止的网络拥塞，直至网络瘫痪。作为负责麦加通信服务的主要运营商，A 客户多年来尝试更换了多家国际知名通信设备制造商，均折戟沉沙。

连续几次 Hajj 保障的失败，A 客户承受着巨大的政治压力和品牌压力，开始积极寻求能够彻底解决这种极端话务环境的方案，并把眼光转向西方通信巨头之外的新厂家。

此时华为进入沙特阿拉伯通信市场仅 5 年，在客户无线领域尚无突破，核心网设备也只有少量介入。A 客户一开始并不待见这个还在起步中、他们并不太熟悉的中国公司。但华为此时已拥有一个不同于传统电路交换的"杀手锏"技术——移动软交换，即具有端局百万处理能力的技术。也就是说，一台核心网设备可以同时满足百万级用户的话务需求，是当时业界容量最大的移动软交换端局。

对于迫切希望展示实力、证明自己能力的华为来说，Hajj 保障可以说是一个千载难逢的机遇。而在某种程度上，对长期深受朝觐通信保障困扰的 A 客户而言，华为的移动软交换方案也让客户看到了一线曙光。

2005 年初，在外界以及 A 客户内部的一片质疑声中，华为成为 A 客户的合作伙伴，无线核心网移动软交换设备也被运进麦加。

A 客户高层说："我们给了 C 公司和 A 公司各两次机会，都失败了；现在引进华为，但只能给一次机会，不行你们就把设备搬回中国去！"

机会只有一次，团队深知，这不仅仅是一次尖端话务的考验，也是沙特阿拉伯市场对华为的一次考验。

## 一战成名

2005 年 7 月开始，公司调动全球资源，成立了以保障为中心，包括网络分析、性能提升、测试、现场、应急、版本等多组在内的庞大的支撑团队；以"麦加—利雅得—深圳"三线联合作战、研发为主力的团队负责现场保障。

利雅得派驻了研发核心网移动软交换开发专家章俊和任志鹏亲自操刀，沙特阿拉伯代表处无线产品技术服务部经理杨晓春等从旁协助；深圳大本营由无线维护经理张守杰带领所有领域专家 7×24 小时保障，配合一线定位和解决问题；时任沙特阿拉伯代表处客户经理辛文则内引外联，保障"粮草"。

麦加，只允许穆斯林进入，而当时沙特阿拉伯代表处的项目工程人员都不是穆斯林，地区部就把无线产品线上的兄弟们搜罗了个遍，最终找到了在上海研究所的小王和小丁，华为工程人员这才首次以穆斯林身份进入现场，部署核心网设备。

但是在 Hajj 保障前，A 客户给华为出了第一道考题：拉马丹斋月节期间的网络保障！

移动软交换设备在性能上还没有完全成熟，在拉马丹斋月节前升级后出现了一个问题，信令负载异常。研发团队查了很久，也没解决问题。

A 客户质疑，华为如果连拉马丹斋月节都挺不过去，又怎么能扛得住 Hajj 保障呢？

好在最后，研发团队顶住压力，解决了问题，顺利通过了拉马丹斋月节为期一个月密集话务考验，经受住了第一次考验。

由于并无经验可供借鉴，A 客户也无法提供更多的数据分析，保障团队只能通过用户增长率和覆盖情况等关键信息来预测用户量、话务量及话务模型等来进行保障，并在深圳实验室进行镜像模拟测试和分析，设计解决方案。5 天长达 84 个小时的交流，保障团队让 A 客户最终接受了华为的网优方案。小王和小丁每天守在机房干到半夜，在朝觐节前完成了麦加新建移动软交换局点以及部分扩容局点的安装、割接上网……

2006 年 1 月 8 日（伊斯兰历 1426 年 12 月 8 日），是 Hajj 大朝觐。朝觐日尽管只有 5 天，但值守保障从节前到节后会持续 10 天左右。

朝觐区域部署有华为的六套核心网局点，因当时设备的配置处理能力和资源是固定的，致使数百万用户的话务聚集在少数设备上。专家组分析，网络中任何一台设备或任何一个环节出现问题，尤其是 CPU（中央处理单元）一旦超过 85% 的阈值，就会"牵一发而动

Hajj保障首战大捷,团队合影留念

全身",马上产生连锁反应,导致网络崩溃。

  针对这一问题,研发专家和服务专家一起讨论,采用"3+1"的模式。其中三名是从队伍中精挑细选出的心理素质强、做事细致的"操盘手":一人负责实时监控CPU负荷设计方案;一人负责手工修改参数、生成脚本、降低负荷;一人负责核查负荷调整结果;再加一人负责全局二次审核,避免出错。四人坐在单独开辟出来的一小块空间,谁也不能打扰,每天长达十来个小时盯着电脑,来回不停地检查,精神高度紧张,可以说辛苦备至。

  通过大量的链路处理和流控数据调整,"操盘手"们硬是用"肩挑手扛"的方式，多次将不同设备的 CPU 负荷从危险的边缘拉回到阈值以内，移动软交换的入局接通成功率保持在 96% 以上，顶住了一次次话务高峰的冲击，保障了系统的稳定运行。

这一年，当朝觐的人们习惯性地掏出手机拨号，准备面对掉线重拨，或运气好可以多说几秒的时候，人们惊讶地发现，奇迹出现了——手机不仅能发出对方接通的声音，而且声音是如此清晰和顽强。

## 再接再厉

华为的 Hajj 保障"首秀"，证实了我们具有移动软交换大容量的处理能力，帮助 A 客户首次实现了在 Hajj 期间核心网的零故障运行，一举改写了沙特阿拉伯移动通信网络在朝觐期间连年话务严重拥堵的历史。

A 客户在保障结束后的第 10 天举行了盛大的庆功会，将"最高成就奖"颁发给华为人，并给予了高度评价："你们应该为你们的移动软交换产品感到骄傲！"

自此，A 客户的大门一点点向华为敞开。A 客户选定华为保障麦加区域的核心网设备，并主动提出购买华为的服务，传输、IP、软件产品也逐步进入。华为在沙特阿拉伯的业务起飞了。

然而，业界的质疑也如影随形。华为的移动软交换能力能真正改变 Hajj 通信连年瘫痪的历史吗？第一次保障成功是不是一个偶然？友商们"虎视眈眈"，甚至提出了全网免费替换华为核心网的建议书。而由于前一年的成功，沙特阿拉伯政府颁发了更多的签证，更多的穆斯林被允许入境。A 客户也随之提出了更高的要求：不仅要实现更大的话务量和更高的接通率,更要实现整个麦加区域移动系统的稳定,还要从朝觐的浪涌话务量中取得高增长的营收。

华为还能第二次续写成功吗?

经过第一次保障的洗礼,王楠斌自此承担起现场技术总负责的职责,杨晓春则担任现场保障项目经理。"第一次研发团队是主力军,大军团作战,光研发团队的人数就达百人之多。这一次,现场完全由服务团队主导,压力非常大。"王楠斌如是说。

保障前三个月,项目组开始做大量的网络评估、优化方案,并启动开发新的话务模型生成工具,有序开展一系列扩容、版本升级、话务均衡、网络整改等2000多个网络操作的保障准备。而通过充分、严格、高仿真的测试,以及全球上百个现网的应用经验,项目组对移动软交换设备在各种负荷情况下各种业务的处理能力已胸有成竹!

2006年12月28日(伊斯兰历1427年12月7日),华为第二次Hajj保障如期而至。

值守期间,华为在麦加的穆斯林员工每天要花两三个小时行走在如潮水般的人群中,往返于机房和宿舍,检查每一个设备运行是否良好。一开始,大家还天真想既然无法开车,骑自行车可能更快,后来发现人群拥挤的5平方公里以内的区域根本骑不了车,只好背着测试设备跟随朝觐的人流沿着线路缓慢移动,一边路测、提供相应的数据,一边保持行进的秩序。

高峰时期,他们来不及回宿舍,干脆住在机房,胡子没刮,衣服未换,累了就洗把脸,走出机房休息一下,食物没了就去领取当地政府为朝觐者免费供应的鸡米饭。麦加地区的树木和可遮阳的地方并不多,本来肤色白皙的本地员工在Hajj保障结束后被晒黑了许多,以致回到利雅得后,大家一时都没认出来!

保障人员比第一次减少了70%,为避免交接班带来的时间浪费,王楠斌将第一年在利雅得的三班倒团队改为两班倒,每班12个小时。值守初期,每班的同事一天只能吃一顿饭,零食和方便面已经吃得没了胃口,后来A客户向项目组开放了他们的内部食堂,让中方员工品尝到了很多阿拉伯特色的甜点和美食。项目组成员十来天都没洗澡,只想多睡一会儿,补充精力,去迎接第二天的挑战。

过程依旧不轻松。在整个朝觐期间,漫游呼叫、位置更新和小区切换的压力同时爆发,在不同的网段如海啸般一次又一次撕扯着网络。200多万朝觐者中,大部分是国际漫游用户,同时开机的用户数上升到平时的18倍,国际长途通话也上升到400万个/小时,系统的负荷升至最高点83%,并在此点上下保持了数小时。情况万分紧急,如果不快速解决问题,将出现流控,而流控又会引发大量用户重试,严重时可能会因为雪崩效应而导致宕机。

而当时的保障目标,不要说宕机,连流控都是不允许的。"就像拆定时炸弹一样,如果晚几秒钟,这颗炸弹可能就爆炸了!"王楠斌顶着巨大的压力,果断采取措施,在最后一刻通过精准的负荷均衡调整控制住了风险。

尽管每一次负荷调整都是一次痛苦的决定,但有惊无险的是,华为整个系统的处理能力表现出色,再次助力A客户经受住了考验,并支撑了沙特阿拉伯政府为确保朝觐平稳、有序而付出了巨大努力。时任沙特阿拉伯内政部部长纳耶夫王子盛赞2006年的Hajj是"平安朝觐年"。

尤为值得一提的是,A客户扭转了以往饱受诟病的品牌形象,彻底摆脱了每逢朝觐日瘫机的噩梦,也取得了营收上的大幅增长,在未来的竞争中占据了领先的优势。

庆功宴上，A 客户为项目组献上了从圣地取来的圣水，穆斯林认为喝了圣水可以净化心灵，能给人带来平安和好运。在场的每一位同事都荣幸地喝下圣水，多日的辛苦与劳累一扫而光，共同祝福彼此美好的未来。

## 静水流深

连续两年保障的成功，是华为重大事件通信保障的最宝贵经验。项目组深刻理解了不同地区、不同用户行为模式下的各种业务的使用习惯，并着手开始编写保障交付指导书，包含网规网优、运维自动化服务以及通信保障应急预案，作为后续 Hajj 保障的"武林秘笈"。

从此以后，Hajj 保障进入静水流深阶段。产品越来越完善，预测也越来越准确，业务处理模块自动化均衡，"解放"了操盘手，连续多年实现零过载、零中断、零故障运行，并实现了运营商全覆盖。自 2009 年开始，GTAC（Global Technical Assistance Center，全球技术支持中心）介入保障，提供现场和远程支持，并将保障经验固化传承。2012 年，移动软交换 POOL（验证池机制）解决方案实现了设备之间可以自动灵活调配负荷，网络处理能力、容灾能力又上一个台阶；服务也建立了网络信息搜集和风险评估、网络操作以及应急预案等一套成熟的体系和流程。2014 年，基于业务质量和用户感知的解决方案和服务运营中心首次被引入保障中，一块大屏就能实时监控全网数据；与友商联合实施、全球首次使用的精准寻呼解决方案，成功解决了过去 9 年寻呼成功率在话务高峰期大幅降低的难题，成功

2019 年 Hajj 保障结束后团队庆功宴

率保持在 89% 以上……

一大批员工也在磨炼中成长起来,他们在全球不同区域各自续写着华为服务人的故事。

业务不断在拓展,我们与 A 客户的合作不断在深化。A 客户也从一个地区性的运营商走向世界,在中东、南亚、南非等地与华为开展更广泛的合作。

2014 年,在第 10 次 Hajj 保障结束后,华为团队邀请 A 客户 50 多位中高层管理人员,在首都利雅得共同庆祝这十战十捷。"华为和我们的亲密合作,实现了一个又一个里程碑式跨越,也为彼此在沙特阿拉伯和其他地区带来巨大的价值。" A 客户如此评价。

此后华为沙特阿拉伯代表处成为另一运营商客户核心网的独家供应商,第一次在企业业务市场有所斩获,并和虚拟运营商展开合作。随着云时代的到来以及通信技术的不断发展,组网越来越复杂,华为沙特阿拉伯代表处对 Hajj 通信保障的网络资源也在不断扩容、优化，设备也越来越稳定，进一步保障了业务的正常开展。

时光无涯，岁月如歌。回望这 16 年的朝觐保障路，沙特阿拉伯这片热土留下了无数华为人的足迹，他们耐得住寂寞，扛得住摔打，始终如一为客户提供专业而又稳定的网络服务⋯⋯

（文字编辑：肖晓峰）

# 逆行震中

作者：孙大伟

"轰轰轰……"

"咚咚咚……"

凌晨时分，睡得迷迷糊糊的我，突然被一声声巨响和剧烈的晃动震醒。等我睁开眼睛时，160 斤的身体已经被整个甩出了床外，摔到了冰凉的地板上。墙体和天花板正发出非常恐怖的轰隆声响，房间的窗户玻璃被震碎，桌上的玻璃杯也掉落地上碎裂成片，发出清脆而尖锐的声音。从未经历过地震的我，猛然意识到：地震了！

此刻的我正独自在酒店顶层八楼的房间内。我努力想从地面站起来，但整栋楼晃动太厉害，根本无法站稳。情急之下，我只能拼命扯住床单往床上爬去，眼睛死死地盯着天花板，看天花板会不会掉下来。

死亡的恐惧袭来，我想，我可能要死在这里了。

这一天，是 2010 年 2 月 27 日凌晨 3 点 34 分，南美洲智利小城特木科（Temuco）发生地震——我常驻智利的第三个月、到该城出差的第三天。

这是我生命中最难忘的一刻，直到十一年后的今天，回忆仍无比清晰。

## 午夜惊魂

强震持续的时间其实并不长，可能只有短短的 20 秒左右，但这是我人生中最绝望的 20 秒，仿佛有一个世纪般漫长。当时我的脑子里只有一个念头：要么赶紧结束，要么楼赶紧塌掉，生或死，痛快点，给一个结果吧。直到震动渐缓，狂跳不止的心才慢慢平静下来，确定不再晃动后，我站起了身，这才发现桌上摆着的电视机倒地碎裂，洗手间里的马桶水箱也被震碎，水流得到处都是。从天花板到墙角之间有一条巨大的裂缝，推开房间门，外面的走廊墙体也有长长的裂缝，其他房间的客人也都出来了。

智利深秋夜晚的平均气温在 10℃ 左右，冷意让我身体有点发颤。不知道什么时候会有余震，我抓起一件外套裹紧自己，拿上手机就跟着人群往楼下跑去。

楼下已经陆陆续续站了一些人，天空黑得密不透风，救护车、消防车的声音此起彼伏，大街上污水横流。我试着给本地员工打电话，给在圣地亚哥的同事打电话，但通信中断了，根本打不通。我找不到他们，又害怕余震再来，不敢回酒店，只好继续站在大街上，观察当地人面对地震的反应。

我是好奇的。

我出生在大庆，在哈尔滨求学，2008 年毕业后来到华为，成为一名微波工程师。那一年的 5 月 12 日，中国发生里氏 8.0 级汶川地震，当时我远在几千里之外，没有震感，只是从电视、网络上看到地震后触目惊心的残酷画面，从没想过，有一天，我会在遥远的南美，在午夜梦回时，在一场强震中经历生死体验。

2009年11月30日，我来到智利。2010年初，智利政府新发了两个牌照，将对这两个拥有新牌照的运营商进行资质测评，华为要帮助对方建设一些微波示范站。2月25日，我和两名本地员工Cesar Molina、Cesar Perez一起从首都圣地亚哥飞到特木科出差，顺利完成工作后，原计划在2月27日上午11点多返回圣地亚哥，没想到，当天凌晨就发生了地震。

或许因为智利是世界上地震最为频繁的区域之一，当地建筑抗震标准比较高，我住的酒店和周围的建筑没有倒塌。大街上都是人，但没有人大声哭喊，还有一个店主开着车过来，看看酒店一楼自家的服装店怎么样了，看完后稍微收拾了一下锁上门又开车离开了。

当地人的淡定，让我在无边的黑夜里似乎也不怎么害怕了。挨到早上五六点，天蒙蒙亮，人群开始散去，我也返回了酒店。我找到本地同事，确认大家都平安后，让他们尽快确认机场是否正常开放，当天的航班还能否起飞，然后去酒店餐厅吃早餐。餐厅正播放着电视新闻，我才知道，这次地震震级达到里氏8.8级，是智利50年来遭受的最严重灾害。震中位于智利中南部沿海、第二大城市康塞普西翁东北部。地震发生几分钟后，一场来势汹汹的海啸淹没了康塞普西翁的海岸，当地通信基本已中断，停水停电停气，民众在抢购物资，部分地方还发生了骚乱。

8点左右，我接到了震后的第一通电话，是来自万里之外的国内同事，问我当地的情况。第二个电话是代表处客户线的同事，确定我们三人是否平安无恙。后来我们了解到机场关闭，航班取消，我们只能暂时待在特木科。

上午11点多，我接到了第三个电话，是我的主管打来的。

## 逆行震中

"康塞普西翁客户的很多微波传输断了,客户紧急求助我们,你们离那里最近,你能不能去协助恢复?"电话里主管问得很直接。

"好。"我想也没想,直接回答。

后来有人问我,别人都是拼了命要出来,你却要进去,你不害怕吗?说实话,在这么大的地震中,大难不死,我心里挺高兴的。我心也比较大,觉得地震已经过去了,不会再有什么事了。况且,内心还有一些小小的好奇,我想亲眼看看震中是什么样子。更重要的是,我离震中最近,离客户的网络最近,作为通信工程师,我必须去,这是我的职责所在。

主管又问:"客户不会说英语,你不会西班牙语,可能和客户交流起来不太方便,你能不能找 Cesar Molina 和 Cesar Perez 一起去?"

放下电话,我找他俩沟通。得知他们有亲戚朋友就住在震中附近的村庄,他们也想知道亲戚朋友的情况,于是我们一致决定去康塞普西翁协助客户恢复通信。

联系上客户后,我们约定第二天在客户当地的办公室楼下集合。客户有些吃惊,说跟华为联系希望尽快派工程师到现场,没想到第二天就到了。

27 日下午,我们在特木科找到一家全国连锁租车公司,租了一辆皮卡,按一周的量,采购了饼干、面包、饮用水、手电筒、汽油等必备物资,放在皮卡后面用一块大帆布盖住。我不会开车,只能由两名本地员工轮流开车。

2 月 28 日早上 7 点多,我们向康塞普西翁进发。高速公路已经

我们租的皮卡车

倒塌的建筑挡住了道路

被震塌的桥面

翘起的路面

在地震中倒塌的一栋公寓

被毁，只能走国道。一路上，很多建筑外墙体都有很大的裂缝，触目惊心。离康塞普西翁越近，受灾情况越严重，很多道路因损毁严重被封掉，还能通行的公路像水面上的波涛一样起伏，甚至是直接塌陷出大坑，我们只好不停绕路。直到离康塞普西翁最近的一个村庄时，我们发现，前面已无路可走。

原本已经平复下来的心突然感到一丝恐惧和不安，人群在逃离灾区，我们却逆流而行，前方会有什么样的"黑洞"等待着自己呢？

幸运的是，Cesar Molina 刚好有个朋友就住在这个村庄，对当地环境很熟悉。我们找到他后，他带着我们走了一条盘山路。因地震后山体滑坡，盘山路上到处都是倒掉的树木，遇到拦路的树枝我们就停下来搬一搬，一条蜿蜒曲折的山路断断续续走了两个小时，下午1点多，在连续驾驶六个多小时后，我们终于进入康塞普西翁。

首先映入眼帘的是倒塌的墙面和围栏，街道两旁的建筑都有不同程度的损坏，有的半个房檐都没了，有的整面墙和屋顶坍塌，看到的第一家银行里都是荷枪实弹的军警，还有军人在银行和加油站里维持秩序。和我们相反方向的汽车排成了长龙，等待着开出这个满目疮痍的城市。

## 恢复通信

下午3点左右，我们抵达和客户约定的地点。碰面后，客户便带着我们直奔第一个需检修的微波站点。当时死伤人数不详，通信中断，震中就是一座信息孤岛，人们得不到亲人和朋友的有关消息，恢复通信迫在眉睫。

那是一个山顶站点，路非常难走，我们沿着盘山路开了近50分

站点外坍塌的围墙

钟后终于抵达。站点方舱用砖墙围着,外墙已经倒塌,我和本地同事进入方舱一检查,发现有一个方向的一条微波链路断了。我花了半个小时修复了这跳微波后,和客户沟通好后续的修复计划。

待一切安排好,天色已晚,我们返回城里先找地方住下。当地有一栋著名的14层高楼,从上往下垂直塌下来,变成了废墟。供水管线破裂,路面全是积水,有民众用簸箕在淘水。我们绕着城区找了一个多小时,终于找到一家开放了一半客房的宾馆。这家宾馆在地震中竟然毫发无损。为了防余震,宾馆安排我们住在三楼。

宾馆的电每天只供应一小时,水彻底停了。我舍不得用自己带来的饮用水洗涮,看到宾馆室内游泳池有一些积水,就把垃圾桶洗了洗,舀了一些水装到桶里,用来洗脸和冲厕所。去特木科时以为只待几天,只带了一套换洗衣服,现在全身是灰土,脏兮兮的,又没法洗澡,我也只能凑合了。

一天下来,身体已经极度疲惫,但是震中我睡得并不踏实,因为接二连三的余震不断。第一次被余震晃醒后,房间和卫生间的门不断摇晃,玻璃哗啦哗啦作响,酒店又发出了熟悉的轰隆轰隆声,很是吓人,但折腾了一天,实在太累,我根本不想动,就呆呆地盯着天花板,等余震过去。或许是这两天已经被地震锻炼出点胆来,到第二次、第三次余震来袭时,我依然如此。只是余震来一次就醒一次,我根本没办法好好睡觉。

　　3月1日,震中第二天,我们一大早就开始跟着客户到处跑,哪里网络断了就去哪里修。记得有一次在一个山顶站点,我们正在检修链路时突然发生了余震,整个方舱像风浪中的小船不断摇晃。等余震过去,我们从方舱出来,看到有很多居民从山脚下跑上来。空中不断有直升机飞过,原来是政府通知大家可能会有海啸,附近居

当地民众听到海啸警报后纷纷躲到山上

和本地同事在机房修复站点

民都往山顶跑。一直到海啸警报解除,我们才离开。

连续四天,白天我们跟随客户一起挨个站点巡检,这期间不断有余震和海啸警报。对我来说,技术不是问题,最大的挑战是克服疲倦和在一次又一次的余震中保持冷静。可能是看出了我的紧张,淡定的客户还不时讲几个笑话,本地员工用英语给我翻译,来舒缓我的心情。

3月3日,我们巡检完最后一个站点,客户确认所有业务基本恢复、网络全部正常运转,当地运营商 N 客户的用户可以打电话和他们的亲朋好友取得联系了。我很欣慰,总算是做好了自己该做的事。客户也对我们表示感谢:"感谢华为工程师的支持,剩下的一些内部工作我们自己完成。"

3月4日早上,和客户再次确认不需要现场支持后,我和 Cesar Molina、Cesar Perez 收拾好东西,退房,给车加好油,撤离康塞普西翁,返回圣地亚哥。

## 妈妈哭了

康塞普西翁震中距离圣地亚哥 320 多公里,两地之间的国道是 5 号公路,原本是双向四车道,因为有些地段路面坍塌、凹凸不平,

回圣地亚哥路上,顺道拜访本地员工的亲属

所以只开放了两条车道。出城往圣地亚哥方向的车辆排起了长龙,我们只能一点一点朝前蹭,路上还顺道拜访了两位本地员工的亲戚朋友,看他们是否平安。

历经 15 个多小时的长途跋涉后,我们在当天的深夜安全回到圣地亚哥。同宿舍的兄弟特别开心,一个劲拍着我的肩头说:"你终于回来了!你终于回来了!"

可以刷牙、洗脸、洗澡,可以坐在一直有灯光的房间里,还有来自身边同事的关心,那一刻,我觉得自己太幸运,太幸福了。

当时我的手机没有开通国际漫游,在震中的宾馆也没有网络,一直没法和家人取得联系。回来后,我打开自己的电脑登录 QQ,和我妈视频聊天。我妈说,她知道智利发生了地震,联系不上我,想着可能是断网了。她很着急，就上网找到公司深圳总部的对外联系电话，主动打了过去。她也不知道是谁接的，反正就询问智利地震的情况。对方回答她，只有一名中方员工在震中出差。妈妈心想，儿子刚到智利几个月，对业务还不熟悉，"震中那个中方员工不可能是我儿子，我儿子应该在首都的办公室呢"。

视频里妈妈轻松地说笑着，我犹豫了几秒，还是决定跟妈妈坦白。我平静地说："妈妈，那个中方员工其实就是我。"

没想到刚说完这句话，妈妈就"哇"的一声哭了起来，眼泪根本收不住。

我赶紧安慰她："你看儿子现在不是好好的吗？"又逗她说，在海外工作确实长见识，要是在国内可能永远都不会有这样的经历。我还给妈妈讲了跟本地员工拜访他们亲朋好友的场景，妈妈这才放下心来。

第二天我回到办公室，同事们都非常热烈地迎接我，每个人都过来问候我，领导还特意和我握手，感谢地震期间我帮助客户把传输网修复好。他们说圣地亚哥当时也有很强的震感，过街天桥被震断了，部分区域通信也一度中断，但每个华为人都在自己的岗位上共同面对困难和挑战，第一时间与客户在一起，为客户的网络提供有力的通信保障。

## 一箱红酒

地震后，受灾的地方开始灾后重建，智利人民又回归以往的平静生活。

2010年7月，地震后的第四个月，我又去了趟特木科，和一名本地员工一起每天上站，督导项目的安装进度，解决网络问题。微波站点通常都建在比较偏远的山顶，我得以有机会看到很多旅游者可能都看不到的风景。这是一段最快乐也最惬意的时光。

我慢慢适应了在智利的生活，也安下心来踏踏实实奋斗，和客户、本地员工都建立了良好的关系，一步一步成长起来。2013年8月的一天傍晚，快下班的时候，当时的交付副代表李旭东突然走到我的工位，神神秘秘地跟我说了一句"一会儿下班的时候跟我走"。我跟着他到了一家酒店楼下，才知道原来是任总来智利了，专门请我和几名员工吃饭。

任总亲切地和我聊家常，还送了一箱葡萄酒给我，对我说："回去跟同事们分享一下。"

我接过酒，一下子蒙了。红酒很沉，我就傻傻地抱着，坐在椅子上不知如何是好。任总见状，笑着提醒我："放到后面的沙发上吧。"

回到办公室后，有的老员工十分羡慕，说他来公司那么久都没机会见到任总，我居然一下子收到老板送的6瓶酒，能不能周末的时候和大家分享一下？

我没有答应。我想这6瓶红酒的物质价值可能并不高，但这其中蕴含的精神激励是无穷的，它让我对自己所从事的工作的意义有了更深的理解，我希望我们是在"胜则举杯相庆"的时候，同饮这杯庆功酒。

于是每到项目冲刺成功，或者团队实现一个比较满意的目标时，我都会拎上一瓶红酒，和团队成员一起喝酒庆祝。这杯酒里似乎蕴藏了巨大的能量，让我们为自己攻下了一个又一个"山头"鼓劲，让我们为自己能够战胜一个又一个困难而振奋，让我们在突如其来的危险和困难面前有了更多的勇气、智慧和信心，也让我们为能够丰富当地人的生活尽一份绵薄之力而感到自豪和骄傲。我也被他们的喜悦和笑容深深感染，我想，这不就是工作的意义吗？我们每一天做的事情也许微不足道，但每一天都很充实，每个人都在朝着同一个方向努力前行，为了未来和理想而奋斗，相信终将酿成甘醇浓烈的美酒，收获丰盈的人生。

在智利的六年，也是华为和客户共同成长的六年，后来我曾再次见到当年在康塞普西翁的客户，他说当年的点点滴滴他都记得很清楚，他一直很感谢华为非常迅速的响应，解决了他们在康塞普西翁的难题。

## 无悔坚守

2015 年，我曾重回康塞普西翁，去当年巡检的地方走了走，去 14 层高楼倒塌的地方看了看。倒塌的地方已经变成荒地，当地的人们修建了由几个黑色墩柱组成的纪念碑，以此纪念这场大地震和在地震中死去的人们。城市愈合了，可伤疤还在。

后来我在智利待久了，才知道，智利几乎每年都会发生里氏 7 级左右的地震，还有大大小小数不清的地震，当地人已经见惯不怪了。但每一次地震时我依然会害怕，尤其是白天，当你目睹玻璃幕墙如波浪般起伏、一座高楼在你眼前瞬间变形时，当你看到跨海大桥垮塌，车辆直接扎进了桥墩里自燃、只剩下烧坏的躯壳时，那时你才深深明白，一场灾难对人类的致命摧毁力。这让我更珍惜当下的每一天，珍惜所拥有的一切。

2016 年，我离开智利前往下一站哥斯达黎加。如今，我在拉美已经常驻 11 年，无论是在智利，还是在哥斯达黎加，一直主要从事网络建设和维护工作。我喜欢这份"手沾泥土"的工作，让我在年复一年的积淀中内心笃定踏实。智利著名诗人、诺贝尔文学奖获得者聂鲁达曾在他的名篇《二十首情诗和一首绝望的歌》写道："我喜欢你是寂静的。"我对网络的期许也是如此。网络维护需要静水流深，尤其是现在，面对极端困难的外部环境，坚守对客户的承诺，坚守对网络的责任，保障网络平稳运行是每个维护人的使命。无论何时，无论哪里需要，我一直都在……

（文字编辑：肖晓峰）

# 我的"优优人生"路

作者：胡骏

2013年3月的一天晚上，在深圳龙岗某犄角旮旯完成一天的测试后，我回到住处，恰好看到中央电视台新闻报道一则消息：南美洲国家委内瑞拉总统查韦斯逝世，委内瑞拉全国进入警备状态，保障公共安全，维护宪法秩序。地球这边的我正在感慨和庆幸自己生活的国度安全稳定之时，戏剧性的一幕发生了——主管突然打来电话，让我准备签证材料去委内瑞拉出差。

那一瞬间我目瞪口呆，酷似"狗血"剧情再现，电影编剧都不敢这么编啊……

作者本人

## 艰苦的小国如何精兵作战

2012年6月,我从南京邮电大学光电信息工程专业毕业,成为中国GSRC(Global Service Resource Center,全球服务资源中心)的一员,主要从事无线模块的业务支撑。

去委内瑞拉是我第一次出差,也是第一次出国。没想到,这一去我便再也没有离开过海外。

委内瑞拉是世界上重要的石油生产国和出口国,2013年后,当地局势持续动荡,外部环境逐渐恶化,货币贬值,通货膨胀严重,物资短缺,间断供水供电,民众生活困难,曾经富得流油的国家经济陷入困顿。我记得从住处到办公室的路边种了很多芒果树,有一

在委内瑞拉,本地员工给我过生日

段时间,早上开车经过,路面像是铺满了石块一样,全是吃剩下的芒果核。2015年我从出差转常驻,成为无线网规网优工程师,从此开始优化网络性能的"优优人生"路。

然而受营商环境的影响,委内瑞拉代表处无线业务体量变得更小了,原本需要费一番功夫的工作往往轻松就能搞定,我渐渐待在了自己的技术"舒适圈"里,有点迷失了自己。而看不到头的经济危机也让我越来越悲观和迷茫,我是继续留下来待在"舒适圈"里,还是开辟新的战场?

代表处的交付副代表观察到我的矛盾心理,找我谈话,并让我回国参加"青训班",学习相关流程知识,充充电。谁知培训部送了我们班一份"大礼"——任总、三名轮值董事长及CFO(Chief Financial Officer,首席财务官)和我们座谈。

会上我有幸提了一个问题,在艰苦的小国如何成长为一名"精兵"去作战?任总回答,你在艰苦的小国,并没有给公司带来多大利润,相反公司给你补贴,让你在那里锻炼,麻雀虽小五脏俱全,这就是练"精兵"的机会;光有一腔热血没用,还要有战略、战术,瞄准机会点,冲上去练。

这番话让原本浮躁的我找到了前进的方向。那时我入职不过四年,还是一名普普通通的工程师,要想成为"精兵",还得沉下心来,练好内功,提升自己的技术。

回到委内瑞拉后,我不再胡思乱想,开始自我修炼:逮着技术问题就"啃",逮着客户就"侃"。客户的网优经理有着深厚的技术情结,我俩经常在一起就网络指标的提升进行PK,对现网的情况和方案一一匹配,然后一起制定网络提升动作计划,再马上实施。到第二天,在客户办公室,我俩打开网络关键性能指标报告,看到某

委内瑞拉团队

个指标有所提升,哪怕只提升 0.1%,都很是高兴。

那时一些外资企业开始撤离委内瑞拉,客户的日子很不好过,而我们始终坚守在当地,为客户的网络提供服务,常去和客户交流业务进展情况,还会给客户带一些他们急需的饼干和牛奶等。客户对我说,他很惊讶,想不到还有中国人愿意留下来和他们共进退。这份患难之交的情谊,让我们和客户建立了紧密的联系,也让我对客户关系有了更多的认识。那就是,无论在何处,无论遭遇多大的困难,华为始终履行对客户网络服务的承诺,这也是获得客户信任的基础。

## "土老帽"要进城了

由于外部安全、经济环境的进一步恶化,人员也进一步缩减,我一个人开始负责三个客户群的网规网优业务。网规网优是整个无线交付项目的最后一个环节，经常因为前端的站点安装、集成、传输等因素而导致计划变更。为了推动网优的验收，我"被迫"向前看，推动客户工程部门往前走。

要同时管好不同的客户群，并推动业务向前发展，我发现这并不是一件很容易的事，对人的系统性思维和集成计划能力、沟通能力都有很高的要求。我要承担的更像是项目经理的角色。于是，经过深思熟虑后，我鼓起勇气找代表处交付副代表说要学项目管理："现在网优这块业务我已经比较熟悉了，近期觉得自己进入了舒适期，我想介入项目管理部分，挑战自己！"

"那你先到项目组做 PCM（Project Control Manager，项目控制经理），深入项目，体验一段时间后再做决定。"他没有笑我自不量力，反倒鼓励我坚定自己的想法，他说，华为会给每一个愿意学习、敢于冲锋的人提供机会和平台，他自己就是从网优工程师转身，凭借出色的综合能力一步一步往前走的。

就这样，我一头扎进了项目，开始学习项目管理的进阶知识。但一开始就被 ISDP（集成服务交付平台）、iPMO 等一堆系统平台拦住了，盯 MR（Material Request，物料申请）、盯分包商进度，这些涉及交付端到端的流程，跟我之前的专业领域完全不同。要学的太多了！

我恨不得自己像一条八爪鱼，有很多双手可以同时做很多事。我还给自己定了个目标"当天上班、当天下班"，但是几乎从来没有实现过。就这样磨炼了半年，我看问题、看项目的视角更宽广了，解决问题的思路也更开阔了，终于成为项目管理办公室中的一员。

2017 年 2 月，机会来了：墨西哥 A 客户群缺一名精品网班长，需要一个 NPO，地区部让我补上去。

墨西哥可是拉丁美洲大区的第一大代表处，而精品网班长对网优技术和项目管理有双重要求，我暗喜，"农村包围城市"的战略总算要执行到下一阶段："土老帽"终于要进城了！

临走的前一晚，我与老友们把酒言欢，一起回忆在首都加拉加斯这个四季如春城市里的许多片断。四年时光已如白驹过隙，我在这里有过迷茫，也有过沮丧，但更多的是收获和提升。这里锻炼了我的综合生存能力，也让我与客户和同事们之间建立了非同一般的感情，对未来有了更多的期待和信心。

## 第一次握手

初到墨西哥高原，我特别开心，因为有水、有电、有超市、有吃的，但没几天就被 2600 米的海拔整得有点晕头转向。后来，我在互联网上查了一下客户背景，更晕了：A 客户是货真价实的百年老店。客户的一些技术骨干都是从集团总部调来的，对技术要求十分苛刻，而且此时的精品网项目也刚被投诉过，客户关系几乎降至冰点，项目面临不能续签的危机。

项目经理和我沟通项目情况，这其实也是一种变相面试。我自觉二人相谈甚欢，没成想到话题快要结束时，项目经理突然问我："你哪一年的？"

"90 年。"

他的脸上迅速出现了微妙的变化，但很快恢复平静。

虽然领导给予了充分的信任，可我自己心里还是战战兢兢的。晚上回到酒店，我辗转反侧想了一夜，前半夜想的是"要不要认怂"，结论是肯定不能认怂，得有点儿狼性；后半夜想的是怎么能让年近半百的客户看不出来我才 27 岁？

谎报几岁？好像不太好。

唉，今天早上不该刮胡子！

嗯，明天穿最老气的那套西装。

……

想着想着，窗外甲光向日，这金鳞能不能劈开黑云，只能看我自己的造化了。

而事情比想象中的还要难，给客户发短信不回、打电话不接，无奈之下我只得"硬闯"，用半吊子西班牙语和保安打招呼，一路通过层层审核和登记，终于进入了网优部门的楼层，见到了总部网优中心的主管。

客户主管初见我时一愣，我还是硬着头皮上前打招呼："您好，我是华为新来的网络优化负责人。我知道前期合作让您有些不愉快的地方，但是我是来解决问题的，希望您有时间能坐下来跟我们'吐槽'一下。我也分析了前期的问题，这是分析报告。"随后我将提前打印好的报告放在客户主管桌上，手心微微冒汗。

好在客户主管比较客气，微笑着收下了我的报告，并期待我们能尽快解决问题。

我心里暗暗松了一口气，总算是和客户主管搭上线了！但在回程的车上窃喜了不到两分钟，我便陷入沉思：怎么破冰？关键客户如何突破？方案在技术上有没有问题？必须得到内部哪些团队的支撑？

云还是那么黑、那么厚……

## 客户第一次喊出我的英文名

举一纲而万目张,突破口在哪里?我从分析项目基本信息入手,了解到在之前的交付过程中我们与客户区域团队的沟通比较充分,但是忽视了客户总部网优中心的诉求,一个问题可能要拉锯一周多才有回应,甚至没有回应。

顾此失彼是大忌啊!我明白这中间除了技术问题,更多的是策略问题,于是决定重新调整团队部署,重点攻关客户投诉的模块。

客户无小事。我认为,不管客户的需求是什么,我们先要做到积极快速响应,起码让客户看到我们愿意改变的态度和决心。我重新梳理了我们对客户需求的响应流程和 SLA(Service Level Agreement,服务水平协议),要求团队技术负责人和接口人在接收到客户任何需求时,都要在 10 分钟内给出响应、2 小时内反馈解决方案、3 天内必须解决,谁接收、谁闭环。

但团队成员的士气并不高,在经历了大的投诉和换将之后,其信心已经跌至谷底。人心不齐是什么事都干不成的。我花了整整两天时间和数十名骨干沟通,开导大家:"我相信大家的专业能力没有问题。我们现在最主要的问题是调整策略,行动起来,做好干系人管理,改善客户关系。"

从谈话中,我明显能感到他们对业务和我个人持有的将信将疑的态度。但是我有信心,事实胜于雄辩,干就是了。

随即我向总部的研发和服务部门提出了远程支持的申请,针对客户投诉的几个关键技术问题进行充分的验证,提出解决方案并实施。我在代表处临时组建了一个"作战室",整个团队同吃同住。因为与中国有十几个小时的时差,白天我们和客户沟通、设计方案,晚上我们和深圳的专家们讨论、确认方案，凌晨再操作实施。拉丁美洲的"夜总会"（夜里总是开会）可不是胡吹的！

经过三个月夜以继日的奋战，客户的疑虑被慢慢打消，投诉正式关闭。客户关系基本恢复正常，团队的思想包袱也终于卸下来了。

但是投诉关闭只是万里长征的第一步，我更希望拨云见日，拿下精品网的项目续签合同，于是紧锣密鼓地开启第二波攻势：带领团队和客户总部以及区域的网优经理反复沟通、谈判。本以为一切都在顺利推进中，但2017年7月，客户CTO的一份内部评估报告再次把我们推上"风口浪尖"。

评估报告显示他们的网络差于同城竞争对手，原因是华为的无线产品性能落后于友商同类产品。

怒气冲冲的客户直斥我们的代表："华为无线不行！"

次日，客户网优经理把我叫到客户办公室，不同于往日的客气，语气很是严厉："希望华为尽快给出解释和提升方案。"

华为的无线产品在全球都处于领先地位，这是第一次得到这样的评价，所有人都蒙了，心里也挺不服气：问题难道真的出在我们这里？

我们迅速全球总动员，代表、大区副总裁、机关研发大咖和服务专家轮番上阵，收集现网信息，深更半夜在外场进行多轮测试，查阅通信协议，进行了大量的分析论证，输出了完整的分析比对报告……在一系列"猛如虎"的操作后，最终证明不是我们的无线产品性能有问题，而是客户的传输承载网络拥塞，影响了终端用户的体验。

最后一次澄清会上，当时的4G开发管理部部长亲自向客户CTO阐明我们的结论，没想到客户听完后不太认可，"啪"地一拍桌

代表处网络性能服务团队

子,站了起来,往会议室门口走去,但走了两步,脚步又缓了下来,"那华为说说该怎么办?"

我们迅速拿出早已准备好的无线方案,诚恳地向客户表达了下一步行动计划,将帮助客户上线多个特性和功能,尽最大程度去挖掘网络潜力。

方案最终得到了客户 CTO 的首肯,团队也在这场鏖战中向客户证明了我们的技术能力和价值。2017 年 10 月,客户续签华为精品网。次周与客户的例会上,我汇报完议题内容后,客户 CTO 第一次喊出了我的英文名:"Very good, thank you Jason!"(非常好,谢谢

Jason！）

我终于听到了我最期待听到的声音！

## 第一个"吃螃蟹"的人

2017 年，代表处开始推行商业解决方案落地，要求最懂网络的 NPO 具备解决方案架构师的能力素质，在存量网络中发现更多的机会点，帮助运营商提升客户体验，让华为成为客户首选商业合作伙伴。

解决方案架构师可不仅仅是懂网络这么简单，还要懂商业、财报、客户关系、解决方案、终端……我的天，这是要从一个"狙击手"变成"全能兵王"啊。

主管说："要不你来第一个吃螃蟹，在 A 客户群先试点落地？"

有这样一个平台和学习与实践的机会，那还等啥？我乐呵呵地同意了，可万万没想到的是，要当这个"全能兵王"真不容易。从前我只盯着网络这一块，现在业务的视角一下子拓宽了，要和负责终端、咨询、解决方案的同事打交道，把各个领域的信息聚合起来，站在更高的层面上瞄准客户的商业痛点和诉求，思考如何帮助客户从商业上获益，进而拓展华为的可参与空间。

只有自己面面俱到，才能在面对客户的时候"手有粮心不慌"。不久，我就发现了一个机会点：客户在 WTTx（Wireless to the x，无线宽带到户）业务的发放过程中，没有流程和平台对网络和用户进行评估，带来的是体验急剧下降和用户投诉风险。

良好的网络体验是客户所看重的，而华为在日本、菲律宾早已有成功的经验可以借鉴。我迅速出击，联合无线、OSS（运营商业务）、终端等多个部门,结合客户网络的特点,为客户量身打造了一套WTTx商业解决方案,将突破口对准了客户的网络体验。

他们正使用着的一套监控平台,能监控核心网部分的体验指标,但是缺乏无线方面的数据。

"我们有一个性能管理平台,可以补齐你们这一块。"我说。

客户的网络体验经理半信半疑。

作为一个立志"人狠话不多"的行动派,我一直以来都信奉行动见真知。我们通过平台发现有一个异常用户,网络流量消耗特别大。客户一查发现,这名用户的家庭宽带终端本该固定在家中,可结果是几乎跑遍了全城。客户开玩笑说:"这一定是名司机吧,在全城拉活。"

"如果更多用户这样做呢?"我反问客户。

▲ 客户墨西哥子网系统部团队合影

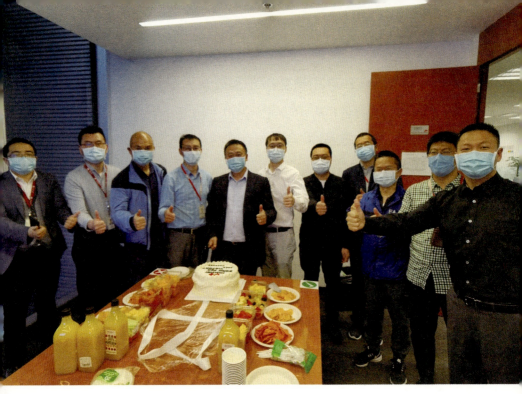

疫情期间，团队一起庆祝项目成功

客户如梦方醒。这是一个网络使用上的漏洞，如果更多人"钻空子"，将给客户带来很大的流量冲击。

而这个漏洞通过他们的平台是很难被发现的，我赶紧趁热打铁，说："我们的平台可以帮助你们监测到无线侧的数据，商业解决方案可以帮助你们设计网络配置，规划在不同的网络流量区域的销售策略。"

客户于是坐下来认认真真听我们介绍全套分析报告和方案，并最终采纳了我们的建议。2018年，客户成功卖出几十万台家庭宽带终端设备，并且销售持续上涨。

一套组合拳下来，我这个"吃螃蟹"的人的最大感受便是，作为一名出色的商业解决方案架构师，要统筹兼顾，真正地为客户着想，立足于用户体验，方能赢得客户的信任。

如今，代表处各场景的商业解决方案都有所突破，也有越来越多的网络性能经理、技术负责人在快速升级，在做好本职工作的同时，也努力拓宽职业发展的边界。

"却顾所来径，苍苍横翠微。"从2013年至今，我在拉美已经八年。

八年间，我从一名普通的网规网优工程师，成长为一名客户群的网规网优负责人，再跃升为一名地区部的网规网优专家。我在网规网优的世界里优化网络的同时也在"优化"自己，那就是努力让自己成为一名"优"等生，走好自己的"优优人生"路。

八年间，昔日的90后小鲜肉如今已是30出头，恰逢人生最美好的年华，在拉丁美洲这片一来就让人忘了心事的地方度过，我也有幸遇到了自己心爱的姑娘，并与她牵手，共同开创美好的未来生活。

（文字编辑：肖晓峰）

# 给客户系统"换心脏"

作者：周成钢

看着书桌上摆放着那块"天道酬勤"的奖牌，我的心中平静而踏实。回想起初入公司时，觉得能在非洲干满十年以上的人，都是"神"一般的存在。没想到，如今我也成了别人口中的"神人"。

## 冥冥之中的选择

2008年，我进公司后不久，就被催着去出入境管理局办护照，以应对随时可能来临的出差需求。

"请问海外目的地这一栏填什么？我现在还不知道要去哪个国家。"站在柜台窗口前，我询问办事人员。

"随便填什么都行。"对方不假思索地回答。

"随便？"我心里嘀咕着，脑子里开始满世界跑，搜寻着中学遗留下来已经残存不多的世界地理知识。那就填个非洲大陆最南端的国家吧！于是，我在申请表格上写下了——南非。

2010年，主管和我沟通外派事宜，决定把我派到中东某国，可没过几天又改了主意。

"我想和你商量一下，你能不能和一个同事换一下常驻地？"主管问得很客气也很小心，生怕我立马说"不"。

"换哪里？"我的眼前已经飘过日本富士山的樱花、法国巴黎的埃菲尔铁塔，还有巴西海滩的阳光和热情的桑巴舞。

"南非！"主管不加修饰的回答，将我脑海中的浪漫美景瞬间击得粉碎。我的脑海里迅速出现了贫民窟和持枪蒙面的歹徒。说实话，我有点犹豫，但当初办理护照时的巧合，又让我觉得一切自有天意。如果不是外派，我这辈子应该不会有机会去南非吧？何况别人都能待，我为什么不能待？想到这儿，我本能地应允了下来。

此时我的妻子已经怀孕了，但抱着之后可以"随军"的想法，她选择了无条件支持我。接下来，收拾行李，背上行囊，远离温暖的小家，我和当年大多数华为人奔赴海外时的想法一样，决定干满三年就回来。

## 要不要逃跑？

一落地，我就连人带行李被直接拉到 C 客户 BSS（Business Support System，业务支撑系统）项目的办公驻地。

客户现有的 BSS 系统包含计费、客服、营账等功能，其重要性相当于"心脏"，不仅管着客户的"钱袋子"，还管着客户的"门面"，其重要性可见一斑。但运行多年，该系统已无法满足数字化转型的需要，需要进行更新换代。我们要做的就是帮客户给系统安上一个更强大的"心脏"。

这个项目是当时华为软件产品线最重要的项目之一，集结了产品线几乎所有最精锐的资源。五六十号人每天都在一起办公，住在附近的几个别墅里。第一天晚上，司机接我去住处，我心里窃喜：别墅环境应该不错，可以好好休息一下了！没想到一进屋，我就发现宽敞的客厅里，横七竖八地摆着几张不应景的床垫，有人已经躺下休息了。是的，没看错，客厅里只有床垫没有床。

"房间都住满了，你只能在客厅里将就一下。"接待的兄弟看到了我脸上的诧异，笑着解释道："或者，你也可以住那儿。"顺着他手指的方向，我看到了别墅外挨着大门的一处透出昏暗灯光的低矮小屋，这就是传说中的保姆房。

"行，我习惯一个人住，就这儿吧！"于是，这间充满了霉味与灰尘的保姆房，成了我海外生活的第一个落脚点。长达半年的时间里，我开始了和小屋里的不知名的小虫子搏斗，从一开始的备受困扰，到后来的一沾枕头"秒睡"，适应能力噌噌地往上提。

作为测试人员，我每天都和客户待在一起，一个功能一个功能地测试，来验证华为的新系统是否能满足客户需求。当时没有太多自动化的手段，测试用例多达几千项，工作到凌晨成了我们的常态。此刻我才真的感受到什么叫打仗，什么叫昏天黑地，什么叫争分夺秒。

没想到，繁重的测试工作率先击垮的是客户的心理防线。那一年，南非是世界杯足球赛的主办国，客户中的很多工作人员是铁杆球迷，可是密不透风的工期让他们根本没有时间休息，更不要说看球了。重压之下，他们中的有些人投诉我们，抱怨华为的人太拼，长期严重影响他们的作息规律和生活质量。我们接到投诉，又蒙又惊，哭笑不得。

虽然经过解释和必要的调整，我们最终还是取得了客户的谅解，但"Huawei people work too hard（华为人太拼了）"从此成为客户对华为人根深蒂固的印象和评价。

  对我来说，这种工作强度也大大超出了预期。每天，铺天盖地的工作事项就如同山间滚落的巨石，带着沉重压力直奔我而来，而儿子的出生成了压倒我的最后一根稻草。虽然回国休了两周假，但再回到南非，我反而觉得更落寞了。隔着屏幕看着儿子可爱的脸蛋，我好希望摸上一把。看着操劳的妻子，我的心里涌起了深深的心疼和自责。我第一次想到了逃跑。

  有天晚上回到宿舍，我和妻子打电话说："我想回家。"

  妻子沉默了一会儿，淡淡地问："你甘心吗？不会后悔吗？"

  我愣了一下，脑袋有点发蒙。妻子是最了解我的人，当初我义无反顾要来海外建功立业，想在30岁之前完成闯荡世界的梦想。如今就这么灰溜溜地回去，我真的甘心吗？以后儿子怎么看我，会说老爸是个逃兵吗？

  我说服自己再扛一阵，再熬一下，再坚持一把，做完这个项目再堂堂正正地回去。当然，当时的我不会想到，后来我不仅没有走，还成了这个项目管理服务计费模块的负责人，看着它一点点"长大"。

## 守护客户系统的"心脏"

  2011年6月，最惊心动魄的割接时刻来了。近百人现场保障团队严阵以待，共同操刀一台最复杂的"心脏手术"。整个作战室里都挤满了人，所有人的神经都绷到了极点。我突然体会到了火箭发射10秒倒计时的心情，全身的血液都直往脑门上冲。

  一切准备就绪，"手术"开始！第一分钟是漫长而黑暗的。就像一支小小的"手术刀"在众多狭长的血管中穿梭，既要揪出主干道，也要分辨出每一条岔路，我们也要在纷繁复杂的系统中找到第一拨需要转移的数据。这凭借的是我们过往无数次的演练和刹那间的直觉。

"啪！"第一根"血管"被切断了，而后迅速被移接到新的"心脏"上。所有人都屏住呼吸，死死盯着屏幕前各种业务指标的变化，几分钟后才敢喘粗气："第一个业务扛住了！"

而后是第二个、第三个、第四个……客户所有的业务都开始陆续接入新的"心脏"。

这是一个缓慢而谨慎的过程，就像我们不能把所有的"血管"一齐切断，割接也必须从易到难，一个业务一个业务的进行，确保每一个业务和新的"心脏"无缝对接。对我们来说，这几乎是一个只能成功、不能失败的"手术"。一旦割接失败，业务回退，再次"手术"的机会十分渺茫。

整个"手术"过程一直持续了24小时。直到看到所有的语音、数据业务都在新的系统中顺畅地运行了数小时，客户才说出了那句让我们热泪盈眶的话："我宣布项目成功割接上线！"

系统的平稳割接，让1000多万用户未意识到他们正在享受着新系统带来的优质服务，这是系统可靠性和稳定性最好的证明。不仅如此，该系统的多项关键业务指标更是刷新了该运营商历史上的最好成绩，给客户带来强烈的信心。我们实现了对客户的承诺！

之后的两三年时间里，我们与客户成为全面战略合作伙伴。而我更是被留下来，负责客户系统新"心脏"的维护工作，我和项目一起成长。对我而言，这个项目就像是我的另一个孩子，从呱呱落地到会爬、行走、奔跑，我一路见证并参与其中，特别有感情。我在这个项目中积攒的经验和能力，也成了我最硬的底气。

## "你们给的不是最优方案"

2014年,越南H运营商在莫桑比克有一个OCS(Online Charging System,在线计费系统)的扩容项目,原本计划6个月完成交付,但客户提出要压缩工期,在3个月时间内上线新系统。我被召唤去负责完成这个紧急的"心脏手术"。

去之前我就听说客户要求特别高,到了以后立刻见识了其威力。按照常规做法,"手术"至少需要3个小时,这就意味着客户的所有业务都要中断3个小时。但是客户不理解:"为什么不能压缩时间?1个小时不行吗?"

"压缩时间是以牺牲安全性为代价的,你们要为此承担风险。"我们反复解释"心脏手术"的难度和重要性:"从稳定性角度来看,虽然业务中断了3个小时,但是我们对手术有99%的把握,如果压缩至1个小时,我们的把握度要降到80%以下,对于这么重要的手术,实在不值得冒险。"

但对这样的说辞,客户并不买账:"你们给的不是最优方案!"

我们也不松口:"安全和稳定的方案才是最优的。"

于是,第一天的沟通不欢而散。双方都阴沉着脸,各回各家。

回到办公室,我平复心情后,陷入了沉思:"我们和客户到底是对手,还是伙伴?如果是伙伴,那么他们的诉求我们真的听懂了吗?"

以往为了保障"心脏手术"的成功率,操作程序都是循序渐进的,先做什么、后做什么都是固定好的。如果要压缩时间,必然会引入更加复杂的操作,也带来了更多风险。但这些风险具体是什么,会产生什么样的后果，可以采取什么样的手段来规避或者降低风险，我们要对客户说清楚。如果客户了解后依然坚持，我们就要和客户一起朝着这个目标去努力，而不是忙着"甩锅"，或者置身事外。

想清楚这些，我们花了几天时间进行"头脑风暴"，准备好新的"手术"方案和风险提示，再次和客户沟通。我们提出，不用把所有用户"一刀切"，而是先割接 A 号段的用户，稳定后再割接 B 号段、C 号段……这样一来，虽然整体"手术"时间变长了，但是对于特定号段的用户来说，中断时间反而少了。等我们说完方案后，我从客户脸上看到了惊喜。

接下来，项目逐渐进入正轨。在准备"手术"的过程中，我发现客户特别爱学习，会"抠"每一个细节。他们会去数据库里查看每一张表，一一询问这个表是干什么用的，在业务流里起什么样的作用，每一个字段代表什么含义。客户的精神也感染了我们。我们认真对待客户的每一个问题，力求给出经得起推敲的答案，努力把每一项工作做到最好。

在 3 个月的时间里，经过一轮又一轮的挑战、澄清后，我们最终实现了客户的高要求，并在尽可能少的影响终端用户的情况下，上线了新的系统。项目结束后，客户多次挽留我，希望我能继续留在莫桑比克支撑他们。我想，这就是对我最大的肯定和赞许。

## 6 个人搞定 20 人的"手术"

到了 2018 年，我又操刀了一个更复杂的"心脏手术"——V 局点全新计费系统。

这个项目涉及 4000 万用户的割接、多达 8 个站点。以往的软件

V局点割接上线成功

项目最多是2个站点,而这次这样复杂的情况是我们从未见过的。非标准方案的交付意味着更多的变数和风险,且由于合同签署原因,项目已经延迟2个月启动,进度压力特别大。

更让人抓狂的是,以往做这样庞大的"手术",需要"麻醉医生""主刀医生""护士"等20多人齐上阵,但由于资源调配和时间紧迫性所致,撑死了也就6个人可以上"手术台"。

6个人怎么做如此庞大的"心脏手术"?首先要做好排兵布阵。按传统的交付方案,我们要完成8个站点的所有设备的安装后才能启动测试,但实际上可以改并行为串行,交付一个站点就测一个,这样可以节省下大量的时间。

而且在这个过程中,我把上站硬装的整个过程全部用图片的方式记录下来,忠实还原每一个设备安装的步骤,细致到每一根线插哪一个孔,形成了"史上最全"的操作指导书。任何一个分包商成员,哪怕是再没有经验,只要按图索骥,也能完美地完成任务。而我们的自有人力就可以解放出来专心做配置和测试。

在上站过程中,有一个小插曲。为了灵活安排时间,我申请了自驾车前往各个偏僻的站点。我是一个特别谨慎的人,但这一次却松懈了:为了接电话,我把车停在路边,不慎将背包放在了副驾驶座位上。突然,一个黑影从路边上蹿出来,朝着车窗用力一砸,把我的背包破窗拎走!整个过程就几秒钟,我根本没反应过来。

看着碎成一地的玻璃,我懊恼得直捶腿,哎,这打破了我"十年无安全事故"的良好记录啊!好在我的心理素质还可以,情绪还算平稳,我从容地做好报警、挂失、补办证件等一系列动作后转念一想,闯荡南非这么多年,没有遇到抢劫的人生也算不完整吧!

平复心情后我继续投入到项目中。在测试用例上,我做了大胆的删减,从几千个缩减至几百个。这个看似冒险的举动,却是经过我的深思熟虑做出来的。删减用例不是"拍脑袋",而是要非常细致地了解客户的系统,保证剩下的用例也能够覆盖到所有的场景。这就好比判定一个人是否健康,原本需要很多个指标来衡量,但一个经验丰富的医生,在充分了解病人的前提下,就可以用很少的指标来达到相同的诊断效果。

由于做了充分的准备,接下来的"心脏手术"比想象中的更加顺利。新系统上线后,没有收到用户大的问题反馈,这完全超出了客户的预期:"真的是一个 surprise(惊喜)!"

## 最亏欠的是家人

做维护的人,最亏欠的永远是家人。2014 年初,我终于把媳妇和儿子接到了南非,但不巧,遇上了我项目最忙的时候。我连续一

我们一家在厄加勒斯角

个月早出晚归,不着家。他们刚来不熟悉路,哪儿也去不了,只能在宿舍区待着,无聊到要靠数蚂蚁度日。

后来我实在过意不去,有一天早上把他们送到了一个有儿童游乐设施和餐馆的商场玩,晚上 8 点再开车去接。我想儿子玩了一整天总该玩够了吧,没想到一听到"该回家了",儿子"哇"的一声就哭了出来,满脸委屈地说:"我还没玩够,不知道下次什么时候才能出来!"我当时鼻子酸酸的,心里特别愧疚。

当然,他们熟悉环境后就慢慢适应了。后来,南非的动物公园、德班的海滩、开普敦的桌山、美丽的花园大道、神秘的好望角、奢华的太阳城以及可以同时脚踏印度洋和大西洋的厄加勒斯角分割线，都给我们一家人留下了美好的回忆。

又过了一两年，我想着父母从没坐过飞机，也没出过国，就把他们接到南非待了一阵子，希望他们享受一下儿孙绕膝的天伦之乐，也借此看看我常年生活和工作的地方。然而，许许多多我们习以为常的场景，却成了父母看不懂的风景。比如半夜接到一个电话，我就急匆匆地出了门；深夜回家，我小心谨慎地打开门锁，蹑手蹑脚地进屋；到了饭点我还蜷缩在书房，父母叫了几次都没有动静，只听到"噼里啪啦"敲击键盘的声音……

待了一个月，一向不太管我的父亲终于忍不住了，神秘兮兮地问我："儿子，你是不是做保密工作的？"因为我这些日常点滴的行为，他在谍战剧里看过不少。

我被这个问题逗乐了，只能苦笑着解释："没办法，维护工作必须随叫随到。"

其实别说父母，连这些年日夜陪伴在我身边的妻子也不清楚我具体忙的是什么。小女儿时常会好奇地问我："爸爸，你为什么总和别人吵架？"我只能轻轻地安慰道："爸爸不是在吵架，是家里信号不好，所以才需要大声说话。"

## 逆行，不是因为不害怕

2020 年初，国内疫情逐渐好转，海外疫情形势越发紧迫。考虑到家人的健康风险，趁着南非还没有断航，我决定把妻子和两个孩子送回国。

那一天，在上演过无数次重逢和离别的机场，我用最简洁明了的语言完成了和家人们的道别，催促他们快点走进通往登机口的通道："快上飞机吧，别耽误了！"

小女儿瞪大了眼睛问我："爸爸，你为什么不和我们一起走？"

我说："爸爸还有没完成的工作，等忙完了就会去看你，给你买最喜欢的芭比娃娃。"

看着他们渐行渐远的身影，直到消失在机场大厅深处，我的心里五味杂陈，不敢细细体会那份无法割舍的眷恋和感伤，只好不断说服自己，这只是一场小别离。

很快，疫情愈演愈烈，居家办公成了唯一的工作方式。每天，各类线上会议暴增，热火朝天的讨论场景和自己空荡荡的屋子形成了鲜明的对比，此刻我才觉得之前儿女环绕身旁、让我脑仁疼的喧闹是何等珍贵！

3月的一天，我突然接到领导的电话。他说，肯尼亚S运营商的计费系统出了问题，虽然暂时修复了，但必须在最短时间内完成紧急扩容。"派你去我最放心！"电话的那一头这样说。

尽管我很清楚当最坏的情况发生时，肯尼亚的医疗条件是无法与南非相比的，不过项目的紧迫性让我根本没有时间思考，也来不及害怕。我当即买了机票，赶第二天最早的班机飞往肯尼亚。

抵达目的地以后，我立刻分析现网情况，对扩容方案的可行性做出风险评估和技术调整，合理安排相关操作，带领团队在3周内顺利完成扩容。

本以为事情告一段落，我可以返回南非了，没想到代表处领导提出请求，希望我长期留下来，帮助项目组梳理维护流程和机制，巩固网络安全的成果，并改变维护团队士气低落的精神状态。

我有点忐忑,这个项目是整个南部非洲地区部的重中之中的项目,其挑战性和工作量可想而知。这些年日夜不分的维护人的作息起居已经让我的身体超出负荷,我真的还要继续吗?

我吞吞吐吐地问:"还有没有别的人选?"

领导摇了摇头,希望我认真考虑。

其实,我心里很清楚,不管我自己是否愿意,在当时那种情况下,确实没有人比我更合适来做这个项目。如果我拒绝了、离开了,之后这个项目再出任何问题,我都会觉得好像和我有关,我都会良心不安。与其背负着这样的压力惶惶不可终日,不如破釜沉舟往前冲!何况家人不在身边,我也没有了后顾之忧。所以,我最终选择了留下。

如今,大非洲的故事还远远没有结束,我想站好这班岗,多贡献一份自己的力量。

（文字编辑:江晓奕）

# 一个人活成一支队伍

作者：王安东

地球上最像外星的地方。
世界尽头的冰与火之国。
浓缩版的孤独星球。

在抵达之前，我脑海中对冰岛模糊而粗略的印象，仅仅停留在"远、冷、荒芜"这些抽象的字眼上。当飞机开始降落，我将视线投向舷窗外，这些遥远的字眼所呈现出的图景才开始真真切切地变为现实。

这座紧邻北极圈的岛屿，正清清冷冷地矗立在一片汪洋大海之中。苍茫辽阔的荒原大地，一望无垠的黑色沙滩，大西洋的海浪猛烈拍打着海岸线，在悬崖相接处激荡起层层浪花。

我走出机场，阵阵狂风吹来，坐上机场大巴，一条笔直的高速公路通往前方，路很长很长，走了好久好久都看不到人烟。窗外风声呼啸，一种荒凉感瞬间把我捕获。

冰岛，我来对了吗？

## 成为"第三任岛主"

入职以来,我一直是 GSRC 的一名网规网优工程师,常年奔波于海外支撑的大大小小项目。按照原本的发展轨迹,我梦想着自己在专业领域能披荆斩棘,从"四级专家"成长为"技术大拿"。

没想到,变化总在转角处出现。2017 年 6 月,在部门的推荐下我加入预备队,年底出预备队训练营时幸运地拿到了"优秀学员",手里握着好几个 Offer。新的机会、新的选择,我的前方仿佛一下子铺开了好多条路。"如果我不主动积极地去规划自己的人生,那么我就会被人生规划掉。"当时心里的这个声音非常强,我需要一个有挑

从机场到市区,经过一望无尽的苔原

战、能独立主导、更易发挥多面手作用的岗位。我的路，或许还远不止于此。

在我极力自荐下，瑞典代表处的领导向我投来充满诱惑的"橄榄枝"——"安东，你要是能来我们这儿，项目经理一职非你莫属。"我一听，"这多棒啊，这可不就是项目 CEO 嘛，每个项目都是我说了算，还能带着我的团队兄弟们冲锋陷阵、成功拿下大单……"我心里如此盘算着。

美梦犹在眼前，谁知兴冲冲地去了瑞典之后才得知，我是要被派往冰岛的。华为在冰岛只设一名员工常驻，而我，就是那名"天选之子"！别说带什么团队了，连能讲话的同事都没有……

"如果不是因为工作，我应该这辈子都很难会来这里吧。"2018 年 2 月 3 日这天，我一边回想着，一边看着机场大巴窗外飞速闪过的景色。

"或许是机会选择了我。"我安慰自己。

上一任"岛主"戳哥热情接待了我。一周后，我正式成为华为在冰岛办事处的第三任"岛主"，开始了一个人的冰岛生涯。

## 一个人活成一支队伍

华为冰岛办事处的办公室，设在一幢四层的小楼里，跟我们的重要客户之一冰岛移动运营商 N 在同一栋楼内。我刚来，有种千头万绪又孤立无援的感觉，内心可以说是毫无安全感。

第一次见客户。他们一听说我来了，非常亲切地问候："欢迎你！安东尼。"然而客户的态度越亲切，我越能感受到自己内心的压力。交接完，看到满满当当的工作安排，我忽然意识到，自己要担负的是一大群客户的需求和期望，一想到从今往后，我就是连接公司与客户的唯一桥梁，是要为客户提供优质服务的人，心里的责任感瞬间就上来了。

但很快我就发现，除了一个人面对所有客户，前面还有太多难题在等着我。作为发达国家，冰岛的网络演进速度特别快，其网络结构也比一般国家更为复杂，这需要我具有扎实的业务能力去跨过座座技术大山。华为产品众多，类型纷繁复杂，这需要我熟悉掌握每一款产品的特性。项目实战时，我更是需要一个人拉通公司端到端的复杂流程。面对客户，我既是国家FR（Fulfillment Responsible，履行责任人）、工程项目PD（Project Director，项目经理）、维保项目经理、看网讲网的NPO，同时还是任何产品问题都能懂一点的技术工程师、项目落地的执行者，外加半个司机和半个行政……

一个人要活成一支队伍，而我分身乏术，恨不得长出三头六臂来。同一时间段能涌出各种大大小小的活儿，而同时还要面对不同的人、不同的信息，包括有问我进展的、有催我验收的、有催我找客户下订单的……我的大脑是一台并行运作的多核处理器，我的身体要克服不同地区远程协作的时差问题，甚至与冰岛的极昼、极夜的特殊环境作斗争。在无本地资源可用的情况下，我只好四处"抱大腿"——向GTAC（Global Technical Assistance Center，全球技术支持中心）和GSC（Global Service Center，全球服务中心）申请至关重要的远程交付支持。为了减轻我这边的交付压力和负担，GSC还给冰岛这个"偏远小国"开了"小灶"——对于个别比较难维护的产品，指定专人负责。

就这样，被工作生拉硬拽往前跑，在各种泥潭里摸爬滚打了一段时间后，我觉得自己真的跑不动了，内心有些绝望，活儿怎么干都干不完呢？

我坐在电脑前，盯着屏幕，大脑开始放空，想起自己还是个孩子的时候。

那会儿家里在做早点生意，无论春夏秋冬，我的母亲每天深夜两点多就会起床，磨豆浆，做豆腐脑，一直做到早上7点。给我和妹妹留下早餐后，她就挑着扁担、挎着篮子出门了，上午10点多收摊回家，午休后再去忙一忙地里的农活儿，晚上泡发黄豆为第二天做准备，直到晚上9点多才睡下。整个流程日复一日、周而复始。即使再忙碌辛劳，母亲也总能让一切井井有条、规律有序。父母怀着"肯干必有收获"的简单信念，身体力行地让我懂得，无论生活有多少困难，你都可以通过规划时间去适应它。

我忽然觉得，我其实完全可以在冰岛活下来，还能活得很好，这是父母早已深植在我性格里的自立和坚韧精神在发挥作用。

我开始军事化管理自己的工作和生活，养成严格的作息与运动的好习惯，努力提高自己的专业能力和对公司流程的把握，在工作中坚持独立判断，识别出重要或紧急事件，合理规划并按优先级处理。事情是做不完的，时间一定要花在刀刃上。

经过一段时间的磨炼，在高度追求效率与执行力的路上，我感觉自己变成了一个"卡点怪人"。长期面对烦琐的任务与场景，我的世界非黑即白，容不得太多犹豫，"Yes or No？"——好，下一步！简明的沟通、快速决策并行动、全力争取周边协助，共同完成每项任务。

最终，就是凭着这样一股劲儿，我从泥潭里爬出来，一个人顽强地活成一支队伍。

## 3天3夜,冰岛的漫漫长夜会发生什么

2018年的一天,凌晨4点,客户计费系统突然出现异常情况触发紧急告警,业务受损,随后又自动恢复。

糟糕,我的心一沉,对于运营商而言,计费系统可以说是命脉,如果计费错误或者无法计费,不仅整网都打不了电话,业务受损不说,同时还会丢失这期间的运营收入,造成巨大经济损失。但目前这种情况毫无来由,又表现得像一颗不定时的炸弹,谁也不知道何时会再来一次,具体会产生什么样的影响。

CBS(Convergent Billing System,融合计费系统)的客户负责人Jon是一位60多岁的老先生,此刻他神情严肃地说:"虽然业务现在已经恢复,没有受到大的影响,但我希望你能找出根因并给我一个答案。这期间每隔两小时,请向我汇报一次。"他的话里所透露出来的潜台词我明白,客户其实内心是在质疑华为的产品可能存在重大质量隐患,才是造成这次事件的"罪魁祸首"。

"问题究竟出在哪里?"虽然对公司的产品有信心,但我也百思不得其解。"赶紧向家里求助,我得把问题揪出来。"我拉上国内外的研发同事一起联动攻关。大家二话没说,开始24小时轮班倒换查找原因。

冰岛和国内有8小时的时差,其他人可以轮换着值班上阵,而这里就我一个人!接下来的几天,我几乎没怎么合过眼。一线专业工程师需要完成的动作,我都得自己摸索着完成,基本信息收集、各类数据采集……后端需要什么,我就得准确无误地反馈回去什么。所有信息每两小时同步一次,到了深更半夜,我设置好闹钟,睡一会儿,爬起来一次,再将进展写成短信,发给Jon进行汇报。

到第三天,我们的"地毯式排查"已经将所有数据分析到了代码级别。忽然,我们发现了一个非常特别的现象——在某一个时间点上,上行信息居然没有用户发送的数据!这意味着在冰岛漫漫长夜的某一个特殊时刻,恰好完全没有任何人打电话、接电话或者用手机,此时上行与下行信息存在超过门限的偏差,因此引起计费系统告警,导致后续的倒换操作。

"原来问题出在这里啊!"我长松了口气,并不是华为的产品有问题,而是由于冰岛地域环境的特异性所致。也难怪,这种情况太特殊了,不仅我没有遇到过,客户这么多年也从未碰到类似情况。回想这三天三夜,我一直笼罩在巨大的压力下,同时自己也给自己不断施压,身体和精神都快支撑不住了:既害怕原因还没找到时,

即使有漫漫长夜,也一定会见到彩虹

这种情况突然再次爆发；更害怕万一自己找不出根因，无法为公司产品洗清"嫌疑"……直到这一刻问题终于确定了，我才发现自己仿佛踩在棉花上，走起路来都像在空中飘着。

有了这"第一次吃螃蟹"，后来的日子里，我也赶上过不少次因冰岛特殊环境和复杂组网所导致的特殊问题。每一次遇到新问题，我们都会通过客观冷静的分析，在短期内给客户闭环。客户再找我时言语中满是信任与支持，偶尔还会打趣说："这次又发现新螃蟹啦？"

在客户的电脑桌面，终于拥有一席之地

经过这些时日的磨炼，慢慢地，我从一个"光杆司令"活成了一支拥有全面诊疗能力的"团体"。

华为在冰岛有两家重要运营商客户，每年产生的PO（Purchase Order，订单）好几十个，交付场景包含维护和具体的交付项目，

极昼下午的最后一道光

公司端到端的产品在这里基本上都能找到。公司的 ISDP、ESDP（Electronic Software Delivery Platform，电子软件交付平台）、SSDM（Sales & Service Document Management，销售及服务文档管理系统）、iSales（客户关系管理平台）等系统和平台，我做工程师时很少触及，现在却成了我做项目交付与日常管理的工具。

远程交付开始后，GSC 的介入很大程度上让各种繁杂的工作变得简单许多，我有更多的时间可以聚焦在项目管理与客户需求的对接上。

冰岛地广人稀，全国土地面积 10.3 万平方公里，人口有 30 多万，算下来每平方公里只有 3 个人。冰岛的客户组织架构扁平，人员设置更是极其精简，这就需要所有工作流程能够实现最大程度的数字化，从而智慧高效地运作。

2018 年底，我们为客户完成了"Discovery 数字化平台"的部署。可交付完后的很长一段时间里，我发现客户并没有真正地将新平台利用起来。他们还是习惯使用现有的工作平台，不愿接受新事物，认为新平台反而会增加工作量。再加上当时我们产品组网在冰岛是首局点，没有成功经验可以借鉴，这中间也陆陆续续出了一些小问题，我感觉到客户的不满也在一点一点积累，"山雨欲来"的压力隐隐压迫着我。

如何让客户用起来、用得好、用得满意？改变用户长期的习惯并不是一件容易的事情。平台的价值在于方便客户顺畅工作、提高效率。做好充足准备后，我开始为客户提供新平台，带着客户使用，一有机会，就不断讲解使用新平台的好处，对客户有意识培训。

以前，在网络新站点开通之后，客户需要前后对比新站点与旧站点的覆盖效果。即使人手有限，客户也不得不紧紧巴巴地派人开车赶到实地进行路测；如果遇到用户投诉，登门拜访、实地检测更是家常便饭。冰岛虽美，但是常年刮风下雨，气候多变；如果是冬季，漫长的极夜来临，在冰天雪地中做路测，可实在不是一件美差事。

"这是个很好的切入点。"我灵机一动，借这个机会向客户进一步展示新平台所具有的强大的数字化能力。我用鼠标一点，电脑屏幕上的地图便显示出了新开站点的位置和覆盖情况等信息，同时会自动呈现出分析结果。这下客户眼前一亮，服气了，不用跑到实地就能时时监测，不仅完全解放了人力，还能以最快速度获取精准的数据和分析，真是太好了！

处理用户投诉的负责人也高兴地用起了新平台，会随时拉着我一起切磋、学习。从前，用户一投诉，他就需要马上给用户打电话并上门拜访，查找原因、反馈解决方案、跟进解决问题，而现在他只需在后台输入用户信息，用新平台一查便能定位到用户的问题出在哪里、是什么样的问题以及发生时的间点，并能获取分析结果。客户坐在办公室里就能给用户更及时、更准确的回复，高效完成投诉流程闭环。

就这样磨合了差不多半年时间，有一次我路过客户的办公区，发现大家的电脑桌面上，数字化平台的工具都是开着的。那一刻我由衷地感到开心：所有的努力都没有白费，终于用起来了！

我开始越来越有信心：坚定自己所做的事，再慢慢把所做的事情做对。

我不仅在冰岛能活下来，还会越来越好，创造出更多的可能。

## 冰雪仙境中的温暖，百味是人生

在冰岛的日子，时间总是过得飞快。

这个在北极圈内被冠以"世界尽头"的冰雪王国，却让我感受到太多的温暖……

我在冰岛租住的房子是一栋两层小楼，和房东老太太居住在一起。说来也巧，我们第一次见面交流就非常融洽。得知我的名字叫"安东尼"时，老太太的表情先是惊讶了一下，随即露出慈爱的笑容说："你知道吗，我有一个夭折了的儿子，也叫安东尼。"她说看到我的第一眼就感觉似曾相识、一见如故。正是这个神奇的缘分，使我在这个陌生的国度有了家人，老太太待我也如同待自己的孩子一样。

小楼的后面有一个小温室，善良的老太太专门划了一块地给我。在这小小的"一亩三分地"里，我开始发挥中华儿女血脉里的种菜基因，萝卜、白菜……经过多次尝试，没想到大蒜成功冒芽，"有蒜苗吃了！"我按捺住激动的心情，耐心等头茬长好，趁着摘下来的鲜嫩，撸起袖子下厨一顿爆炒，蒜苗回锅肉，热腾腾出锅，那叫一个香啊！

我的"王国"最鼎盛时期

为了节省时间,我平时一个人吃得极简,但每当有同事出差来冰岛时,我希望自己能尽地主之谊,也尽自己所能照顾到每一个人,下厨露几手常常成了我的保留节目。

当夜幕降临,三五个同事围桌而坐,几个家常菜就能使我们度过美好而放松的一晚。他们印象最深刻的是我做的一碗臊子面。臊子是我用豆瓣酱、花椒和生姜以及猪肉末制成,做好的臊子装入玻璃罐放进冰箱,随吃随取,可以保存很长时间。每当我深夜工作完回来,或者没空做饭时,我就会煮上一碗面,舀上几大勺麻辣肉臊子,再加上几片白菜,肉香酥烂、白菜清甜,回味无穷。

没了烟火气,人生就是一段孤独的旅程。而此时,即使窗外是茫茫白雪、漫漫长夜,我也并不觉得孤单,反而觉得自己非常富足。

小楼的不远处就是码头,钓鱼的人很多。屋里有一套简易的渔具,是上任岛主留下来的。一位埃及兄弟来这里出差,每到周末,

舍不得吃的临别馈赠

一个人活成一支队伍 | 137

他就乐颠颠地去钓鱼给我们改善伙食。几个月下来,项目支持已接近尾声,临走前他顶着严寒特意又去钓了好几条鱼,还将鱼处理干净,放进保鲜袋留给我。

周末闲暇时,我也会带大家去爬"耻辱山"。

"耻辱山"其实有个好听的名字叫"埃夏"(Esja)。我叫它"耻辱山",是因为它很有意思,海拔914米,形状酷似一个大钝角梯形,看起来不难实则很有挑战性。刚开始十分陡峭难爬,但只要扛过这开头的10分钟,后续的就会变得相对平缓。然而很多人刚爬一小会儿就放弃了,选择回到山脚下温暖的车里。一部分人好不容易撑到了平缓路段,一看前方是需要借助钢缆才能攀登的峭壁,便又打起了退堂鼓,以故常常成为爬山者的"耻辱"。

然而最终成功坚持到山顶的人会发现,山顶居然是平的,宛如一片大平原——原来前面努力克服的艰难险阻,就是为了能在此刻

登顶"荣誉山"

如履平地。站在山顶俯瞰，景色令人叹为观止：首都雷克雅未克城全景尽收眼底，蔚蓝深邃的大西洋一片辽阔……这些美景是赠予攀登者的最好礼物。

耻辱还是荣誉，直面还是退缩，其实也是艰苦环境下的一种人生选择。华为人在面对这些困难时，没有怕的。能登上这座山的人都是光荣的战士，现在我更喜欢称它为"荣誉山"。

回想这两年半的时光，遇见冰岛，遇到这个工作岗位，我觉得是我一种莫大的幸运。或许华为从来不缺能胜任这个岗位的人，但我一定是直面困难、不惧挑战并且坚持到最后的那一个。

如今，我也终于能有底气地说一句："是机会选择了我。"

## 后记

作为我们在欧洲最早的客户之一，冰岛客户全网都选择了华为，前几任岛主的坚守与优质的服务功不可没。尽管当前外部环境复杂，但客户一直在推动和发展 5G，并排除干扰、坚定不移地支持着我们。我们和客户签署了 5G 协议，进行 5G 商用部署并启动 5G 服务。我有幸成为见证人和参与者。

2020 年 10 月，罗马尼亚 C&SI（Consulting & System Integration，咨询与系统集成）的崭新征程开始，我带着冰岛的珍贵经历，以归零的心态迎接挑战，整装再出发。

我期待着打胜这场硬仗，期待着和客户举杯相庆的时刻，期待着挺过难关、迎来胜利的那一天！

（文字编辑：程佳画）

# 别具一格的项目经理

作者：王一树

"很少有女生会选择做交付项目经理，你为什么这么想当项目经理呢？"

从入职华为的第一天开始，我就被无数次问过同一个问题。有人不解，甚至有人很执拗地劝我换一条赛道。这两年也有其他的机会摆在我面前，但都被我一一婉拒了。

"我们决定在这十年间登上月球并实现更多的梦想，并非它们轻而易举，而正是因为它们困难重重。"这是美国前总统约翰·肯尼迪于1962年9月12日在莱斯大学演讲时说的一句话，每当我偶有焦虑或退却时，我都会以此激励自己。选择走一条少有人走的路，是因为我从来都知道"我要去的方向"和"我想要做的事"。

## 当项目经理是我的初心

2018年12月圣诞节前夕，我回国参加华为面向海外留学生的专场招聘。我的研究生专业是应用数据分析，招聘这个专业的多半是互联网公司的产品部门，但华为却与众不同，交付项目经理的岗位需求一下子戳中了我。

那时的我，对"项目经理"的理解还停留在字面上，认为交付项目经理需要有专业技术能力、项目管理统筹协调能力和管理团队的领导力，而这正是我对自己未来的一个期待。

但藏在心里没有说出口的原因是，可能在很多人看来，女生做交付很辛苦。我的外表给人的感觉是柔柔弱弱的，但没有人比我更了解自己：这条"差异化"的路线或许才是最适合我的。我希望借助华为这个大平台快速成长，多看看世界，也更希望在职业生涯的前期能沉下心来，"双手沾泥"，让未来走得能更踏实些。

于是在 2019 年夏季，带着这份初心和期许，我走进南国深圳，成为华为一员，入职 GTS。

## "标签"的两面性

可能因为从 8 岁开始练田径，从小到大我都是一个目标感很强的人。项目经理要有领导力，因此从新员工入职引导培训开始，我就默默问自己，我该如何提升自己的领导力？

说来有些好玩，一营产品培训开班时，每个人轮流上台做自我介绍，我自荐了班长一职。一开始我并没有抱太大希望，毕竟大家互不认识，后来有一个男生上台自荐时突然说："我刚在网上搜索了一下'王一树'的名字，她太强了，我不争取班长了，我竞选副班长。"顿时，全场的目光都向我投了过来。更戏剧的是，后面的同学也都不竞选班长了，我就这样被众人"让贤"，成为班长。

这位男同学搜索到的关于我的信息，可能主要来自我的母校浙江大学官方微信发布过的一篇报道。该报道讲述了我的求学经历，也给我打上了"自我管理达人""静能书法主持，动能拳击格斗的多面女神""全能'树神'"等标签。标签是有两面性的，一方面能让你很快被他人记住，但另一方面，我更清楚，这也意味着别人对你的期望值很高，或者说，别人对你的能力是有所质疑的。而在一个全新的环境里，我必须要证明自己，自己能做到最好。

任何时候，学习永远是颠扑不破的真理。从新员工入职引导培训到硬装实践、再到一营培训，我像回到求学时代那样，列出严格的学习计划时间表，常常是最晚回到宿舍的那一个，周末也在"疯狂"学习，最终学习成绩和实操算是达到了自己的目标，也带领全班、全小组取得名列前茅的成绩。成绩并不能代表一切，但我视成绩好坏为一种态度。这份态度就是，认真对待每一件自己想要做好的事，一旦确定目标就会拼尽全力实现它。

培训结业时一营小组合照，左四为作者

## 小试牛刀：用数据讲故事

培训结束后，2019 年 9 月，我作为助理工程师被派往菲律宾进行交付实践。

前三个月我主要在数通领域进行技术实战。这是不断吸取养分、几乎是大步飞奔的过程，我经历了人生中很多意想不到的第一次：初到菲律宾的第二周，就负责在客户系统集成测试会议上做开场宣讲，为客户介绍华为组网的 5G 新场景测试用例，让客户记住华为新来了一位做交付的女生；第一个月，独立写脚本，完成与友商 C 公司的跨域测试，从技术视角建立了对项目的全局观；虽然有过主持人的经验，但独立负责一个端到端的商务类会务接待还是第一次，让我在技术之外挖掘自己的协调和沟通能力，和客户打交道变得更顺畅；不间断上站做硬装督导和验收测试，也让我对一线的业务有了更深的理解……

2020 年 1 月，导师安排我接手项目控制工作，帮助他实施交付集成数字化计划管理，负责统计进度日报发送、物料管理系统与业务的联动等。

我的项目管理学习之路正式起步了。

一开始，我有点机械地按照以前的模板，每天找各个子项目的负责人提供数据源，集成一张 Excel 表格，再通过文字形式发送给相关人员。但是这样持续几周后，我觉得不太"对劲"：每次报告数据的输出时间很长，而且用 Excel 处理海量数据时常常卡顿，支持的可视化图形也很有限，让我总是把时间浪费在等待上，并苦于无法更好地提供关键数据。

盘点物料

可能是因为自己学应用数据分析的缘故，我更倾向于用数据讲故事，因为这样更直观。我开始琢磨如何让数据可视化。几天后，我做出了一张可视化看板图：看板图可根据子项目、场景、区域、单站点维度的数据联动，实现不同颗粒度管理。亚太地区部负责交付实践业务的主管和代表处领导看过后都很感兴趣。

当时S无线项目群覆盖全国四个区域，但是ISDP使用未在全组内形成习惯，线下表格很多，而且格式不一，不能形成有效的数据和信息流动，难以发现问题，不能及时支持决策和预警。代表处期望运用可视化工具呈现关键数据，做到主动管理，并提高交付效率。

于是基于这张看板图，代表处决定初期由我来负责架构设计和看板的开发，整合现有数据来制作看板，并成立专项小组完成方案架构的制定和IT平台的开发，承载到线上平台。

作为新人，这是压力，更是我一次小试牛刀的机会。我发动售前、网规网优、项目经理、IT等相关人员不断讨论和优化细节。通过持续3个月的开发和优化，专项小组实现了看板的打样，数据准确率可以提升至40%左右，支持出具实时的数据报告，直观可视项目进程，及时发现项目存在的问题，比如站点安装和开通数量是否有过大差距，在看板上一目了然，不用再花时间筛选和统计。

这是一次深入认识交付数字化转型的过程。交付项目经理必须要具备数字化运营的能力，但如何更好地让数字化发挥作用、更好地提升自己的能力域，还有好多宝等着我去挖呢。

## 武汉首战：和客户站在一起

从菲律宾回国后，部门技术负责人找我沟通我个人的发展设想。作为全球服务资源中心，部门会为个人提供全球作战的机会，让个人在支持一线的同时，能在这个实战平台上有所收获和成长。

正好武汉有一个项目控制经理的需求和我的发展设想合拍！2020 年 6 月下旬，我来到了这座英雄的城市，参与 Y 客户的 5G 站点建设，并跟进湖北代表处 ISDP 的数字化建设和维护。

在我来之前，我们已经和客户进行过一次 ISDP 数字化方案对标，但无果而终：项目组当时交付量太大，没有专人进行数据及时更新和维护；客户的设计监理单位认为系统看上去很复杂，质疑其易用性；施工单位人员合作时沟通也很困难⋯⋯

和客户初次见面，我就被将了一军："你们的系统不好用。如果你们不能实现我们想要的功能，我们就不用这个平台了。"

这点我早有心理准备。系统好不好用，主要是用户的使用习惯问题，而习惯是很难改变的，最好的办法是将很多的管理动作都能实际落到系统的各个节点上。在见客户之前，我已经做了一些"功课"。在项目经理和区域项目经理的帮助下，我们将全省的底层数据清理了一遍，数据的维护率从过去的百分之六七十提高至 90% 以上，ISDP 系统可自定义生成周报并发送给指定成员。我还拉通中国区交付运营中心设计了一些可视化的功能，来帮助客户进行协同管理、远程验收以实现降本增效。

听完我的介绍后，客户的态度还是不置可否。我没有气馁。也是赶巧，几天后，去拜访客户的项目管理办公室部长带回来客户的一个需求：为了契合客户所属集团的数字化变革，客户请教项目组他们应该怎么做？

我们的 ISDP 不正符合客户的需求吗？

这一次客户将主动权交给了我们。我们与项目组一道，充分深入到客户的生产管理流程中，率先拉通客户的所有关联单位，之后再和客户沟通达成共识，为客户梳理和优化端到端建网流程，并将流程上的管理动作最终落地到 ISDP 系统里。后来，客户的这一项目也获得其集团内部 2020 年自发式在岗技术革新一等奖。

当你想客户之所想，和客户站在同一条战线上，你在客户面前也就站稳了脚跟。

## 每天给自己做心理"保健操"

"工作完成得不错，给你加一些担子，去端到端跟进一下项目如何？" 8 月，项目管理办公室的部长安排我担任区域项目经理，负责武汉 9 个子区域中的 2 个。

2 个区域的交付格局接近于一个地市的体量，以往负责区域项目管理的多是有一定经验的老员工，而我刚刚上路。我知道，更大的挑战要来了，但是开心的是，离成为项目经理的目标又近了一步！

但一系列问题也摆在了面前：我们与友商隔江为界，客户会全面审视双方站点交付的进度、网络的质量等关键指标，还有交付计划推进、故障告警处理、物资协调、网络质量提升，等等。

尽管生活中我自认为是比较自信且内心坚定的人，但上岗之初，几乎每一天我都在给自己做"保健操"。

因为我以前主攻数字通信，对无线产品的知识了解不多，而且第一次接触国内项目，对产品场景、客户开站流程一无所知，每天都被新的工作术语"轰炸"。第一次去见客户时，客户随口问了一个站点的组网细节，直接就把我问蒙了。

我与一个合格的区域项目经理的差距在哪里，如何快速获得客户的信任，我开始反思怎样快速入门。自学无线知识、请教技术负责人、给督导培训、上站排查隐患、去仓库盘点物料、了解开站流程和站点配置以及安装工艺等，我尽可能对技术知识有一定的储备，以便在客户问到技术相关问题时能做出合理且正确的解答。我还报名了PMP（Project Management Process，项目管理流程）认证考试，丰富自己的项目管理理论知识的储备。

为了更贴近客户，我每天都会去客户处办公，刷存在感，这样客户有任何需求我都能及时响应；与客户的每一次对标、每一次会议，也会花很多的心思提前准备。这样边学习边摸索了近两个月后，面对老资历的客户，我再也不犯怵了，脸皮也练得"厚"了一些，对客户提出的问题也都能有效解决。我负责的区域的网络质量也在各区大会战中排名第一。

我想，我终于有一些底气可以"镇得住场"了。

## 主动请战：我希望我可以承重

2020年10月，武汉区域的项目经理升任湖北省项目经理，他的岗位暂时没有人接。我主动找代表处项目管理办公室的部长表达意愿："我希望自己可以多一些承重。"

部长当时的神情有些意外。我知道,这个请求很大胆,我是一个入职才一年多的新员工,而武汉是整个湖北省的风向标,武汉区域的项目很关键,交给我真的可以吗?

但我对自己是有信心的:2个区域我可以处理好,那9个区域我也可以!对我来说,成为一名优秀的项目经理,需要有处变不惊的镇定和自我变革的勇气,我希望在项目的淬炼中有勇气直面内心的恐惧,摆脱惰性,不断进取。在和我的部门主管、项目技术负责人交流后,部长最终同意我的请求,并亲自担任项目导师。

临近年尾,竞争对手隔江相峙,而我们离全年5G建站目标还差近400个站点。要提升建设速度,如果采用我司正在推行的无线共主控解决方案,那么就可以简化站点配置,实现4G向5G的平滑演进,大幅度节省客户的运营成本和资金支出。

方案的优势明显,但我第一次和武汉分公司工建客户沟通时,被对方的一句话堵了回去:"请华为告诉我新方案如何落地?"

当时湖北省公司客户和我们还未定下方案的框架,新站点建设停滞,已开通的站点要随方案调整而修订设计方案、更改产品配置、重新配送物料和安装站点,这一系列动作没有具体的操作流程,湖北省公司、设计院和施工单位等各方工作都没有开展……

千头万绪,一团乱麻,我们必须在最短的时间内打通上下游的所有流程。

这是一段非常忙碌又有些焦头烂额的日子。

在湖北省公司确定方案实施的规则后,我和技术负责人与设计院一同确定新的方案实施细则,将新的产品配置需求细化到每一个站点,并针对可能出现的风险点分别准备预案。

接着,我组织施工单位和合作方先试点开通新站点,上站勘察实际场景，打通工单流程，并进行安装方案交底，再拉通公司交付运营中心适配 Smart QC 新方案，组织全省合作方培训，为大规模的站点变更建设做准备。

最后，我协同客户全面铺开站点的交付工作，特别是疑难站点重新做配套，和物业协调开通新站点。

事情繁杂琐碎，每天我被七八十个电话、无数个微信群"轰炸"，所幸在项目组一步一步的努力下，我们的工程进度持续领先，网络质量各项指标也保持了领先，最终按时完成了建站目标。

这也是一段"火箭式"成长经历。部长和项目经理给了我很多指导和帮助，有困难及时求助，有问题随时汇报，有困惑及时疏导。他们教我做好对项目关联人的洞察和管理，教我如何和客户更好地交流，比如和客户建立更多工作之外的话题等。

客户也给予了我很大的认可。客户武汉分公司工建主任是一位较为年长的资深项目经理，第一次见面时他曾担心我不能吃苦。但是，预期低反倒是一件好事。在打交道的过程中，我用实际行动证明了自己。当我要离开武汉前往下一站时，这位像长辈一样的工建主任特意拉上客户经理和维护经理一起为我送行，感谢这九个月以来我对武汉 5G 建设工作的支持，并祝愿我在未来有更大的发展。

结束武汉的项目后，部门主管找我谈心说，当初让我一个新人在这么短的时间内从项目控制经理转身做区域项目经理，无论是湖北代表处还是我所在的部门，他们其实心里都在打鼓："很担心会不会是揠苗助长，要么拔高，要么拔'死'了。"他说："恭喜你还是长高了。你用自己的能力证明你扛下来了。"

"等到黑夜翻面之后，会是新的白昼。"我对《裂缝中的阳光》这首歌中的这句歌词，有了更深的感悟。今年 3 月，即将离开武汉时，我特意去武汉大学樱花大道上走了走。我来武汉后听了很多同事和客户在疫情期间坚守在保障网络稳定运行岗位上的故事,感受到了湖北人民直面困难的勇气和坚毅,也有幸见证了武汉这座英雄城市的苏醒。一年过去,"珞樱"缤纷,游人如织,武汉早已恢复了往日的生机与活力。我想,带着这份在武汉的印记,我会更加坚定勇敢地向前。

## 前路迢迢,步履坚定

　　M. 斯科特·派克在其心理学著作《少有人走的路》一书中提到,在成长的过程中,我们需要不断撕破原有的旧地图,探索充满荆棘的领域,即便这会是一场痛苦;而自律,则是以积极主动的态度去解决人生痛苦的重要原则。

　　工作之余,我很喜欢运动。我从小学开始练习田径,每天绕着操场跑三四十圈再回家;大学开始健身,练习拳击和格斗。毕业后,无论再忙再累,我每周也会坚持健身。尤其是当

也显摆一下

事情如潮水般涌来时,焦躁的情绪也会爬上心头,这时我会打一通拳来排解。运动锻炼了我的耐力、爆发力和心理素质,这是一种压力后的宣泄和释放,也是对自己最好的奖励,已经成为我生活中无比重要的一部分。

我时常觉得自己是一个惯于奔跑的人,可以放慢速度但不习惯停下脚步。"处变不惊的镇定和自我变革的勇气",是我对于项目经理所需具备的内在自驱力的理解,也是我希望自己能在这个岗位上收获的最大财富。

足够幸运,我能拥有华为这样的平台,遇到很多给予我指导和帮助的领导和同事,他们对我职业发展的引导、业务上的指点、包容和肯定,无不使我勇气和信心倍增,让我坚信自己能够成为一名独当一面的项目经理,走好未来的路。

(文字编辑:肖晓峰)

# 最好的礼物

作者：叶树

东经 88°13'，北纬 69°20'，这是北半球北极圈内的城市，也是俄罗斯境内位置最靠北的城市——诺里尔斯克。2001 年 10 月，我从莫斯科启程前往西伯利亚地区，和本地同事一起在诺里尔斯克开通了华为在北极圈内的第一个 GSM 网络，也是北极圈内第一个 GSM 网络。

2021 年，我在南半球的城市悉尼，面向交通行业的客户继续交付我们的 GSM 系统。前后相隔 20 年，我仿佛看到了当年那个初出茅庐的年轻人和如今人到中年的自己穿越时空的握手。命运总是如此神奇，而我在华为经历的"神奇"远不止这些。我的故事要从那次北极圈内开站说起。

## 华为第一年，太多"没想到"

2000 年，我从湖南大学计算机通信专业毕业进入华为，在深圳科技园 1 号楼报到后，没几天就去了宝安的石岩湖参加大队培训。我们住的是石岩湖度假村酒店，两个人一间房，天天上课、军训、晚自习，包吃包住，刚去就领了第一个月的工资，工卡里还有 800 元伙食费。

对我们这些刚从学校出来的新人来说，哪里享受过这样的"高规格"待遇，我还记得我在马路边的 IC 卡电话亭给家人打电话报平安。爸爸妈妈听完后，叮嘱我要踏踏实实工作，回报公司，我似懂非懂地点头应允，那时我还没有感受到这句话的深意。

大队培训结束后，我去一营进行为期半年的锻炼，做无线 GSM 技术支持工程师，接受全国派遣（那时海外市场方兴未艾，全球派遣还没开始）。派遣之前，我先要在车公庙接受几个月的产品硬件安装和调测能力的培训。印象很深的是，机房都在室内，空调温度开得很低，晚上学习完还可以去餐厅领夜宵，领完夜宵再心满意足地坐上小巴班车回宿舍，这是一天中最快乐的时光了。

培训结束后我被派往新疆，公司还给我发了一台笔记本电脑——那还是 486/586 电脑的时代，能领到笔记本电脑，多牛啊！

在新疆的日子，北到克拉玛依，南到喀什，我走遍了天山南北，看遍了雪山戈壁，开启了第一段波澜壮阔的人生旅程：第一次去油田；第一次新年守局，挤时间去客户运维主任家里吃年夜饭；第一次去帕米尔高原开卫星基站，当了一回冰山上的来客。那是盛夏，山下烈日酷暑，山顶大雪纷飞，我们在山顶开站时，睡的是通铺，所谓的通铺就是一块大石板，大伙裹着厚厚的军大衣，倒头就睡。

我一度以为这段经历对在南方长大的我来说，已经算是别开生面了，但直到我去了俄罗斯常驻才发现，借助华为这个平台，我所能看到的世界实在奇妙到超乎想象。

## 诺里尔斯克，这是哪儿？

新疆之旅结束后，恰赶上公司整个技术支持体系配合海外市场拓展的时期。公司正在组建海外交付兵团，我来到位于蛇口的华为海外用户服务工程中心等候外派。在此期间，我当了一回海外员工培训班主任和讲师，培训了第一批海外本地员工，他们主要来自俄罗斯、阿尔及利亚和尼日利亚等国。第一次赶鸭子上架，用英文开课，我出了一身的汗，但效果还不错。说来也巧的是，我没想到就此和俄罗斯结下了深厚的缘分，它成为我海外常驻的第一站。这批俄罗斯本地员工目前还有一些在公司，2017 年我机缘巧合去了一趟莫斯科，还见到了这些昔日的老友。

2001 年 10 月 12 日下午，我抵达俄罗斯首都莫斯科。走出机场，10 月的莫斯科，天空灰暗，地面潮湿，扑面而来的是初秋北国的些许萧瑟。

刚到没多久，代表处就安排我和几个俄罗斯本地员工去西伯利亚出差，交付我们在当地的 GSM 工程，我负责开通整套核心网的设备。这是一个本地网项目，当年俄罗斯有很多区域移动运营商，我们客户的网络覆盖西伯利亚地区两座城市，一个是南部的克拉斯诺亚尔斯克，一个是北部的诺里尔斯克。这个地方在此之前是没有无线通信的，我们新建的局点用现在时髦的语言来说是"Greenfield Site（绿地站）"。

出发前，我上网查了点资料，也找本地员工了解了一下诺里尔斯克的情况。诺里尔斯克地处北极圈以北约 320 公里处的泰梅尔半岛上，位于叶尼塞河（流入北冰洋最大的河流）下游东侧，是俄罗斯著名的有色金属工业基地之一。曾经有句笑话说，连呼吸的空气里都是金属的味道，按现在定义就是雾霾指数爆表。

与城市相连的道路只能通往附近的居民点，要想前往其他大城市，只能乘坐轮船或者飞机。但极寒的气候和飓风、暴雪常常会导致唯一的一座机场无法正常运转。复杂的交通状况，让当地物资供应困难，尤其是遇到极夜和冰封，几周都买不到任何水果、蔬菜和肉类产品。而外地人来这里都需要申请通行许可证。当时也没有信用卡，我们准备了很多现金来应付未来的各种开销支出。

我是从克拉斯诺亚尔斯克飞往诺里尔斯克的。三个多小时的飞行，飞机是苏联国产的图—154，噪音非常大，一路上气流不稳造成飞机颠簸，所以也就没有餐饮服务。下飞机前，同机的人都开始戴帽子、穿大衣，那种帽子比头大一倍，全都是毛。我没有做这样的准备，因为莫斯科当时是10℃左右。对于西伯利亚的冷，我完全没有概念。

等到机舱门一开，我就"石化"了。外面的风雪呼呼地灌进来，打在我的脸上，用"刺骨"来形容一点也不夸张。走出舱外，大风吹得我摇摇晃晃，站都站不稳。等取完行李出来，看到的是一辆破旧的大卡车，应该是本地员工找客户借的，车身有一个图标和我们公司的标识非常类似，我就像见到亲人一样亲切，但第一次见识用大卡车来接一个人，也是挺搞笑的。

当时冷到多少度我并不知道，后来查当地9、10月的天气，这个时节一般都在-30℃左右。风雪把我整个面部肌肉都给冻住了，幸好司机不懂英语，不用开口说话，我比划比划就上车直奔宾馆。

## 极夜和极寒

GSM工程规模不大，覆盖有色金属工厂以及配套的住宅和几条主街，一套核心网设备，几十个站点，满足2000多用户的网络需求。站点相对简单，没有很多频谱，也不需要多复杂的天线。怕大风会刮坏站点，站点基本都安装在不太高的建筑物顶上。站点获取也没有太多复杂的流程，我们基本是跟着客户出去走一圈，就能把站址确定下来。

建站的分包商是我们从附近区域调遣过去的。小赵是和我一起开局的 BSS 工程师，他比我先到，还有几个俄罗斯本地员工，就是我在蛇口培训过的那些兄弟。

天寒地冻，施工进度非常缓慢。电池首先是个大问题。基站电池属于外配套产品，需要清晰的供货数以及站点配置情况，而且派送过程异常复杂，整个运输路线是火车加大巴再加小巴，几乎绕俄罗斯一大圈，加上天气恶劣，一路上不知道要经历多少波折才能把电池安然无恙地运到。

我还在深圳的时候就开始关注这里的电池问题。等到了俄罗斯，基站的电池还是没有着落，只能先安装电池以外的硬件部分，但等其他部分安装都完成了，我也到诺里尔斯克了，而电池还是没有着落。直到我在现场一一核实清楚站点配置情况，电池的运输才正式启动，而这导致室内安装将延迟至少半个月才能完工。于是我们和客户协商采用 UPS（Uninterruptible Power Supply，不间断电源）电池暂时顶替，一边等电池到货，一边开始基本的软件调试工作。

一开始，天气还比较好，每天还能有4个小时的白天，后来，极夜现象越来越明显，白天只有2个小时，满天满地都是厚厚的积雪，世界是一片白色，但其他的时间都是黑夜笼罩着大地。诗人顾城曾说"黑夜给了我黑色的眼睛，我却用它来寻找光明"，但诺里尔斯克的阳光在哪里呢？每天基本生活在黑夜里，真的是一种煎熬，好在

和本地员工一起在机房

每天都有忙不完的活,这多少可以转移一些我们的注意力。现场的 BSS 督导已经待了一个多月了,他笑着对我说,慢慢就会习惯了。

除了极夜,就是极寒的天气了。西伯利亚大半年以上时间都在下雪,从 9 月底一直持续到来年的 4 月份。一个晚上的雪,第二天早上如果没有及时铲雪的话,积雪可以达半人高以上。气温也基本是 -30℃到 -50℃左右,在室外待一小会儿,就感觉鼻子吸不到空气了,眼睛睫毛上都挂着一层霜。在漫天大雪里,街上的行人都是从头到脚全副武装,穿戴着毛绒绒的厚大衣和帽子,慢慢地在雪地上行走。最有趣的是,当地人把小孩放在一个篮筐里,篮筐下面还带着小轱辘,大人用绳子拉着篮筐慢慢往前走。大伙也多半不外出,外出多是买面包、肉肠一类的食物。

这样的景象,在我的人生际遇中真是头一回见。我特意看了地图，这里离北冰洋并不远，一度很想去领略一下真正的北极风光，还幻想着到了北极站后吟诗作赋一首。但是本地员工打消了我这个念头，他们告诉我如果没有专业的装备将非常危险，而且根本不用去北极，到了诺里尔斯克，你就可以领略全世界任何地方的严冬了。

## 电热杯煮饭，"老干妈"是中国胃的灵魂

在诺里尔斯克，吃饭也是个问题。中午，我们就在当地一家比较简陋的俄罗斯咖啡店吃，大部分是黑面包配汤，偶尔有点肉，上面再放点奶酪。我刚开始吃不惯，后来觉得很美味，主要是获取能量。晚上干完活回到酒店，天冷想吃口热的，怎么办呢？我带了一个电热杯，本来是用来烧开水的，后来被迫用来煮米饭。我和小赵都不会煮，他怕饭糊，会放很多的水，最后煮成了稀饭，吃后经常拉肚子。而我为了把饭煮干点，水放得少一点，但每次都会煮糊。糊了之后，电热杯上就腾起一阵烟，我怕这些烟引发房子的报警装置，就找一个大碟子盖上电热杯的口，结果烟往四处飘，好几次引来了楼道的管理员大妈。

糊了的饭倒出来之后，配点肉肠，再拌上下饭最有灵魂的"老干妈"，妥妥的中国味道。"老干妈"是我从莫斯科带过去的。那时候公司关怀海外一线员工，会定期从国内派送大量的"老干妈"、零食和电视剧 VCD（影音光碟），我们出差前会领上一大堆。

一直这样吃晚饭，直到另一个工程师杨亚军过来，带了一个电饭煲，我们的生活水平一下子有了质的飞跃。从那以后，陪伴了我们几个月的电热杯，开始失宠。我们终于可以吃上不糊不稀的米饭了。后来，我又自主发明了用电饭煲煮菜：每次先把饭煮好后盛出来，

再把在当地买的、仅有的一些蔬菜和鸡肉放进去一锅蒸。最常吃的菜谱是咸熏鱼和鸡肉，偶尔碰到像西红柿一样的辣椒，就像过年吃年夜饭一样，再拌点"老干妈"，那可是绝配。

后来，工程师龚松桥和过坚二人过来支持调测，因为俄罗斯市场开始逐渐突破，需要大量的技术支持人员。他们也是来给我们补给卢布的，因为再不来，我们的口袋也快空了。我们四个人，一起上站点，一起买菜、煮饭。能吃到热乎乎的米饭，能和同伴大声说中国话，我们都觉得这真是最快乐、最幸福的事了。

## 第一个北极圈内的 GSM 网络

那时联系代表处需要用电话线拨号上网，速率只有几 Kbps（Kilo Byte per Second，千字节每秒），还经常断线，或者干脆拨不通。客户也是第一次面对 GSM 工程，只关注工程进度，这导致我们很难获取到支持，很多事情只能现场解决，所以每天基本都是从早上十点忙到晚上八九点。

不凑巧的是，因为电池没到货，我们征得代表处同意后让工程队先行离开，结果就在工程队离开的第三天，电池来了。无奈之下，我们和本地员工只能自己安装。也亏得本地员工人高马大，又能吃苦，最后硬是靠着一页一页翻开局指导书，才完成了一个个站点的安装和调试。

工程完工后，高兴劲儿还没过去，我们很快发现了一个新问题：基站控制器和基站之间的一个接口总是频繁出现链路闪断。当时的传输用的是客户固话局的传输，需要反复协商并确认每个时隙的分配才能配置到我们的 GSM 系统中。没有传输工程师，加上传输线缆很多走室外，一遇大风雪，网络会经常告警不断，以致链路闪断。我和小赵非常着急，但我们没有急着发回公司处理，想自己把问题消除在现场。为此，我和小赵轮流待在机房和酒店，一个一个数时隙，定位出问题，再通知客户到室外整改。这样反反复复折腾了一周，总算把大部分问题解决了。

之后我们将 2000 多名新用户导入 GSM 系统，并成功打通了 First Call（首次呼叫）。那一刻，所有人都感到无比欣慰和振奋，这意味着在北极圈内也有了我们华为的 GSM 网络——这是第一个北极圈内的 GSM 网络！我们做到了，华为做到了，中国人做到了！我们可以骄傲地说，我们的设备经受住了西伯利亚严寒的考验，能为俄罗斯人民服务了。

那天，我们几个小年轻大胆喝了"伏特加"，用当地人的方式来庆祝基站的开通。冰冻后的伏特加，一口下去，如烈焰般刺激着味蕾，火辣热烈，后劲十足。当时我心里只有一个愿望，祈求北极的这股北风能把我们的喜悦一路吹到中国去，吹到中国南部那座年轻的城市里，吹到那群年轻人中去。是他们辛勤的努力，才有华为产品的今天！

## - 50℃的暴风雪

基站开通后，我们开始收拾行李打算离开，但突然而至的一场暴风雪让我们措手不及。

这是西伯利亚近 30 年未遇的大风雪，气温降到 - 50℃，寒风卷起漫天大雪，刺得人眼睛都睁不开。所有的交通工具都中断了。我们哪里也去不了，只能待在宾馆的房间里面，守着仅有的固定电话保持与外界的联系。当地人不会说英语,只能靠本地员工来交流沟通,以此来了解外面的情况。

一天又一天,风雪一直在持续。渐渐的,宾馆里的食品不多了。一开始是买不到蔬菜,很快连鸡肉也买不到了,我们担心,再这样下去,吃饭都会成问题,更不用说回莫斯科了。大伙窝在宾馆里,简直是度日如年。更让人忧心忡忡的是,卢布也所剩不多,真有点弹尽粮绝的感觉。

在此期间,机场的一个基站被吹倒,我们要去现场解决问题,但是租不到车。后来客户帮忙找了一辆大卡车,把小赵送到了机场。回来的时候,碰上大雪封路,他只能再次折返机场。一夜没睡,回来的时候他的那个模样别提多憔悴了。

我们一直与机场保持着密切联系,但是起飞的消息总是变来变去,一会儿是早上 11 点,一会儿又到下午 5 点,一会儿说晚上 11 点。有时候凌晨都在等消息,所有人把行李收了又开、开了又收,随时准备出发,但看着窗外呼啸的风雪,心里没有一点底。原本盼着回莫斯科的兴奋劲儿也荡然无存,所有人都疲惫不堪。

在焦灼中等待十几天后,风雪渐歇,我们终于赶上航班开通,离开了诺里尔斯克,回到莫斯科。

我在诺里尔斯克待了三个月。2002 年的夏天,我又去了一趟,任务是巡检。赶上夏季的极昼,大部分时间是明晃晃的白天,人没法睡觉。这又是我另一段记忆了。

在诺里尔斯克经历的很多事,直到多年后的今天,依然清晰如昨,但也有一些记忆渐渐模糊,我记不起那个时候我还想了什么,靠什么坚持了下来,或许是整天的忙碌,让我已经没有时间思考其他事情,或许是爸妈当初在电话里说的话在耳旁萦绕,又或许是"人

俄罗斯代表处 2001 年年会

在阵地就在"的简单想法让我支撑下来了。

这段宝贵的经历,让我受益终身。它教会我,任何时候都不要放弃,要积极去开创未来。

## 任总说要请我吃饭

2010 年 8 月 26 日上午,那是一个普通的周四,但老同事过坚的一通电话让我平静的生活泛起涟漪。

电话里他语气激动,有些语无伦次:"公司发了一封经任总批示的总裁办邮件,里面提到了你。"

2010 年 8 月,任总去艰苦地区看望员工,去过阿富汗后又到了北极圈，看望在最艰苦地方工作的员工，亲自体会员工工作的辛苦。他是夏天去的北极圈，想起了我 2002 年写的那篇题为《北极圈内的华为 GSM》文章。他去的时候是夏天，蚊子很多。任总说，在那儿走路，他都戴着养蜂人戴的那种帽子，即在草帽的周边缝着纱布，围着头绕一圈。他希望"我们各级部门，都要关心在艰苦地区的员工的学习与成长！那儿接收新的信息难，接触尖端技术难，但他们的精神十分宝贵"。

过坚说："老板说你什么时候回深圳，要请你吃饭！"

听完这番转述，我第一反应是他们在开我玩笑，我被捉弄了：那会儿我已经从华为离职五年了。他们后来把邮件传给我，我才相信这是真的，老板是真要请我吃饭。

我更没想到，八年前在《华为人》内刊上写的一篇文章让任总感同身受，这让我感动不已。当年一个关键局点的施工，一篇平实的文章，相隔八年的重温，跨越八年时光的邀请，让我思绪起伏，久久不能平静。任总的这封邮件，我想不仅仅是对我个人的邀请，更是一份弥足珍贵的礼物，是对那群曾经在北极圈奋斗过的华为人的肯定，是对那些年在海外开疆拓土的无数华为人的激励，是对所有在艰苦地区奋斗的华为人的精神的一次鼓舞，是所有华为海外奋斗者得到的最好的礼物。古人云，士为知己者死。这大概就是我们中国人骨子里的精神，一种穿越时空的高度忠诚以及使命感使然。

那天上午，曾经一起在北极圈共事的兄弟们都陷入幸福的喜悦中。但很遗憾，因为周六我要出国，没能与任总见上面。我还记得周五晚上，这些兄弟赶来和我道别。我们喝了很多，也聊了很多，聊在北极圈经历的种种。那些过往，如电影般历历在目。那一晚，所有人都喝醉了。他们说，多亏我的这篇文章，让大家拥有了美好

作者在莫斯科（2002 年）

的回忆。

十载春秋，不思量，自难忘。因为家庭原因，2005 年我从华为离开，后来跟随在澳大利亚求学、工作的太太一路南下。我曾在一家欧洲的半导体公司做通信相关芯片的销售，因为依然在通信领域，得以时常关注到华为的动态。华为的销售收入逐年攀升，海外市场份额逐步扩大，持续不断地在通信和多媒体终端领域实现市场突破。我常常为之骄傲，以曾经在华为战斗过的峥嵘岁月为之自豪，还喜欢在同事面前细数华为往事。

那些年，我去过很多地方，遇到过很多人，但一直感觉华为人是与众不同的一群人。在 20 岁出头的年纪，我们懵懵懂懂来到华为，战战兢兢踏上海外旅途，有幸在这个全球化平台上历练，从一个国家到另一个国家，领略大千世界的不同风景，体验不同国度的文化与风情,见过很多人可能一辈子都没见过那么多的漫天大雪、莽莽荒原和大漠、异域山川……每个人身上都打下了深深的华为烙印。华为的经历和存留在我们内心的品质,指引着我们无论在哪里都能克服人生中的困难,笑对风雨,成熟而自信。

## 兜兜转转,再回华为

2010年下半年,华为在澳大利亚市场正处于突破期,签下了搬迁大单。没有太多思考,我再次向华为投了简历,继续从服务做起。

重新回到华为后,我在eSpace(华为内部通讯软件)的个性签名中写下"Restart(重新开始)",自此再未改过。

公司在新市场取得大规模突破的时候,缺乏本地合作伙伴,后来派遣我去组建硬件安装队伍,干起了比当年更接近服务末端的工作:设备安装和服务。我一干就是五年。那五年是撸起袖子、甩开膀子干的日子,通过这些最基础服务的历练,我熟悉了这个产业链的末端,最后把站点自建工程队的安装业务做成了专业配套业务,支撑了后面几年澳大利亚市场的站点服务拓展以及业务的全面开花。

机缘巧合,当前我正在交付的项目是给铁路系统提供GSM网络的一个项目。我们的GSM产品经过这么多年的迭代发展,已从当年的小

我在澳大利亚继续做交付

家碧玉成长为大家闺秀。而我，何其幸运，得以首尾相望。每次看到我们设备上那一个个闪烁着的绿色的运行灯，它们似乎在向我诉说这些年华为很多很多的故事，这是命运馈赠给我的最好礼物。

又是一个十年。出走后的归来，已近半生，仍是少年。这一路风尘仆仆，这一路鲜花盛开。在这个飞速发展的时代，我愿继续保持空杯心态，拥抱未来。

感谢过往，一切都是最好的安排。

（文字编辑：肖晓峰）

# 喜马拉雅山下的坚守

作者：康书龙

直到很久以后，我依然清晰地记得这样一幅画面：

一辆破旧的倒了 N 手的丰田车，跌跌撞撞地前行在刚刚经历过大地震的道路上，车里的我们被上下颠簸着。透过车窗，我看到外面尘土飞扬，整个世界仿佛蒙上了一层黄沙。道路裂开，临近大路平整一点的地方，支着一排排帐篷，穿着土红色本地服饰的尼泊尔人席地而坐……

## 初识地震

在喜马拉雅山南麓的山脚下，依偎着一个被称为"雪山之国"的小国——尼泊尔。它的首都加德满都，四面环山，由于地处喜马拉雅山脉南坡，山脉遮挡了寒冷的北风，而南方的印度洋暖流直入，形成了独特地理环境。2014 年，来华为已三年的我，从非洲转战亚洲，作为 GTS 人来到了这个虽然是中国邻国但是还带点神秘感的国家。

我对加德满都的第一印象很好。这里不仅被绵延起伏的山峰环绕，城市里还到处耸立着美轮美奂、古老又辉煌的建筑，很有异域风情。然而到了办事处和公司宿舍,我有点失落:眼前简陋的办公环境和住宿条件与印度相差很大,一下车更是被灰尘扬了个满面,"人们戏称的'灰德满都'名不虚传啊!果然是晴天吸灰、雨天踩泥啊!"

入住的第一晚,我才知道尼泊尔还没有自来水系统,洗漱用水都是水车拉来的水,而储水池没有定期清理,水龙头流出来的水都是黄绿色的;宿舍是背阴的方向,由于没有日照,空气中飘散着一丝丝霉味;房间里设施也很简陋,一床一桌,衣柜也破破烂烂——连柜门都只能虚掩着,分分钟感觉要掉下来了。我安慰自己,虽然这般简陋,但是好歹天气凉爽宜人,反正自己也就是支持一个项目就走的,将就一下吧!

没过多久,代表处一举拿下了尼泊尔 N 公司的首都全网搬迁项目。这个项目意义重大,加德满都人从此由 2G 世界迈向 3G 世界。为了更好地支撑项目,我从临时出差变成了常驻,我的华为故事之尼泊尔篇就这样正式开始了。

2015 年初,项目交付的准备工作有条不紊地进行着。一方面我们安排分包商对现网站点进行详细勘测,出具勘测报告以支撑机关备货;另一方面我们协助客户对现网进行维护,处理问题,支撑项目能够快速搬迁。然而,一场突如其来的大地震打破了平静。4 月 25 日,我和同事们正在泰国参加培训,当天下午大家的手机突然集体开始急促的震动,工作群炸开了锅。我打开手机一看,几个大字映入眼帘:"尼泊尔发生地震了!"

刚看到信息时大家还没有切实的体会,但铺天盖地的新闻报道让大家知道了这场地震的严重程度:里氏 8.1 级大地震!据了解,这场地震所释放的能量是汶川地震的 1.4 倍。我们的现网设备会不会受到影响,通信还畅通吗,老百姓还能打电话吗,这一系列的担忧最终让我们在震后第二天踏上了飞回加德满都的班机。飞机上空荡荡的，除了我们几个人，还有一队过去救灾的NGO组织（非政府组织）的人。飞机到达机场后盘旋很久也不落地，落地之后又很久不让我们下飞机，后来我们才得知，在我们到达前，当地又发生了里氏7.0级余震。

从机场赶往客户所在地的路上，我们透过车窗看到外面昏黄的天空、龟裂的大地、一排排帐篷、身穿土红色衣服的本地人，内心五味杂陈。大家都沉默不语，不知道接下来会面临什么。

放下行李，我就直奔客户N运营商的数据中心，和先于客户到的同事一起，保障通信业务的正常运行。但回到宿舍后我就傻眼了——我们宿舍大楼的外墙，已经裂成一张密密麻麻的蜘蛛网，虽然没有坍塌，但是根本不能入住。怎么办？

还好，救援物资很快到位，大家有了帐篷和睡袋。我索性就暂时安置到了数据中心，摆几张桌子，一根网线连着Wi-Fi，就地办公。大家在极其简陋的条件下对业务指标进行监控，确保通信顺畅。记得有天晚上我们刚在帐篷里睡下，就听见地底下传来了轰隆隆的声音，紧接着地面开始颤动，持续十几秒后一切恢复正常，只有被惊起的鸟儿还没落定。这是我第一次躺在地上如此真实地感受地震。我和同帐篷的兄弟半天没有说话，半晌，他淡定地说了句"地震了"。我回了句"嗯"。然后我俩就是沉默。那一晚，我们应该都没有睡，但也没有交谈，恐惧与无奈交织，但最终也只能坦然，认命地将身体紧紧贴着大地。

后来才明白，这些其实都是"小序曲"。就在我们以为地震已经翻篇时，有一天大家回到位于办公室楼顶的餐厅吃午饭，围着餐桌还在开心交谈，突然间很沉闷的"咚"的一声，紧接着熟悉而令人恐惧的震动又开始了,整栋楼都开始剧烈晃动。"地震了!"在惊慌失措的呼喊声和桌凳挪动的嘈杂声中,大家冲向门口,想从楼上跑下去。结果办公楼晃得实在太厉害,根本没法走路,只能在餐厅门前的平台上弓着腰,一个拉着一个抱作一团。我当时害怕极了,就怕楼突然塌了。在极度恐惧中我只有努力祈祷:"不会有事!运气不会这么差!有爷爷奶奶在天上保佑我的!"好在地震只持续了几十秒,但给我的感觉却有十几分钟那么漫长。等地震一停,大家匆匆忙忙从楼上跑了下来。我跑到楼下的停车场,这才感觉腿已经软得厉害,走不动路了。

后来我从网上知道这次余震有里氏 7.3 级,造成了 2500 多人的伤亡。首都搬迁项目的技术负责人老马在这次地震中不幸扭伤了脚,伤势一直没好,后来只能回国治疗,走之前他把技术负责人的工作交接给了我,于是我从一名无线技术组长变成了技术负责人。

地震之后,我们的宿舍就被安置在一座二层小楼里。但很长一段时间,我晚上回宿舍躺在床上睡觉总感觉床在晃,直到一年后这种感觉才慢慢消失。如今回想这段仍让我心有余悸的往事时,我最骄傲的就是我们在地震中的"逆行"。我们选择与客户同在,与业务同在。我们的坚守与全力支持,也让客户看在眼里,感动心里。当年客户还发来了感谢信,对华为团队的支持给予了高度评价:"Huawei did an excellent job!"(华为干得很优秀!)"Your support totally exceed our expectation which we cannot purchase from the service contract。"(你们的支持力度完全超出了我们的预期,也远远超出了合同上的规定。)

## 苦与甜

过命的交情,使我们与客户进入"蜜月期",后续工作也得到了客户很大的支持。6月份，首都搬迁项目全面启动，虽然偶尔有余震，但大家干劲十足。

尼泊尔N运营商的基站大多数都装在业主家里，受地震的影响，业主开始担心站点设备会压坏他们的房屋，纷纷要求我们去拆除，这导致项目搬迁工作异常困难。刚开始，进度的缓慢一度让客户有些质疑我们的交付能力。有一天，客户的首席技术官带着团队前往业主家部署站点搬迁，结果作为本地人的他们也遭受到了不小的阻力。这样的亲身经历，让他们理解了我们工作的艰难。

为了获得业主们的理解和支持，搬迁期间我们进行了很多次站点方案的变更，比如降低塔高、机柜改到底楼等，这些都让原本不宽裕的工期变得更加紧张。为了在客户预期的时间内完成搬迁，项目组成员基本上没怎么睡过囫囵觉，那两个月我瘦了十几斤。就是在这种条件下，我们用了近两个月的时间，完成了首都近400个站点的搬迁。

搬迁中后期又出现了新问题——KPI上不去！当时我们从公司请来了好几位专家，分析了半天才发现站点传输丢包高的原因是客户用的第三方微波的网线是手工做的，我们建议客户尽量用成品网线，客户也对微波的软件版本进行了升级，丢包问题得到了明显改善。网优团队也请了两位研发专家在现网做了很多特性的开通和优化，最终我们的指标远远优于原网。

2015年的尼泊尔真的是多灾多难，除了地震，还在闹"油荒"。由于国际、国内形势的影响，尼泊尔的天然气、汽油、柴油被断供了，到10月份基本上所有的车都因为加不上油而上不了路，政府只给公共汽车定期配给一些燃油，以此保证公共交通。

尼泊尔首都街头空空荡荡，路上偶尔会看到公交车严重超载：

车顶上坐满了人，车门外也贴车身站着好几个人，估计20座的中巴车能运载四五十个人！在这种情况下为了能够继续服务好客户，我们就步行去客户办公室拜访，来回近一个小时，浑身落满灰尘，满嘴都是土，舌头一伸全是黑色的。最拮据的时候，代表处食堂液化气存量不足了，为了节约用气，有几天的晚餐师傅就煮一大锅西红柿面，大家排队捞点面，就着"老干妈"吃。还记得临近年底，天气非常冷，加上每天停十几个小时的电，宿舍没法取暖，晚上睡觉时冻得人哆哆嗦嗦的，这让我分外怀念国内的暖气。

这个项目持续了几个月，真的是很苦，最后成功交付3G网络的时候，我自己并没有什么特别的感觉，觉得这很自然。但是客户CEO在项目庆功会上告诉我们一件事，让已经有些麻木和疲惫的我顿时又恢复了生机。当时加德满都的3G体验非常好，客户CEO被尼泊尔国家监管部门质询，说一定是"偷跑"、打开了4G服务。客户CEO骄傲地说："对不起，我们是3G，我们的网络就是这么好！"后来这个项目也被公司选定为2015年优秀交付项目之一，由于项目经理老孙的行程冲突，我还很荣幸地代表他去深圳参加了公司的颁奖晚会。

我还记得当时站在领奖台上，耀眼的灯光下，感觉手中的小小奖牌似有千斤重。过往的一幕幕在眼前迅速掠过，苦的也罢，甜的也罢，那一刻我只觉得自己是天底下最幸福的人。

## "空中拖拉机"和大吊机

2018年，华为IPCore（由IP和MPLS组成的骨干网）凭借着优秀的性价比在业界脱颖而出，我作为项目经理接手了IPCore的搬迁项目，华为的高端路由器自此也打开了市场。但是项目刚开始的时候，客户的基层技术工程师对华为产品和技术不了解，一直抱有怀疑态度，我拉着项目技术负责人反复给客户讲解方案，提供"贴身服务"，尽可能在第一时间解决客户的任何疑问。在与客户密集交流了一个多月后，客户终于放下成见，开始全力支持我们。

小飞机内部

那段时间我白天陪客户，晚上盯割接。客户的三个数据中心分别在三个不同的城市，为了赶时间，我第一次坐上了尼泊尔的小飞机。这种小飞机的舱里只有两排座位，能坐10来个人，前面就是飞行员，也没有独立的驾驶舱，飞机起飞后一直摇摇晃晃，堪称"空中拖拉机"，要是遇到气流更是蹿上蹿下，让人心惊肉跳。我内心很害怕，但为了项目进度，只有坐飞机才能赶上当晚的割接，只得硬着头皮坐。所以，常常是客户下午坐车到了，我却早已在数据中心等他了。

这个项目比计划提前一个月完成，因为我们的产品成本低，性能好，受到客户高层们的一致好评，更是获得了地区部的总裁嘉奖令。

转眼到了2019年，代表处给了我一个更大的挑战：一方面让我负责代表处的专业服务团队，包括客户支持和运维服务；另一方面又让我负责代表处的公司 A 级项目 IDC（Integrated Data Center，集成数据中心）的交付。这两个领域都是我之前从未接触过的，但毕竟有了之前的一些经验，我没有犹豫就答应了下来。

我们首次交付此类 IDC 项目，大家都没有经验。这个项目涉及土建和机房配套部分，而且是二层堆叠式的集装箱体。由于场地狭小，周围都是居民楼，所以交付工作非常困难。当时我们在尼泊尔市场上能找到的最大吊机的承重量只有 85 吨。但是当集装箱入场后，我们发现这台吊机的承重量太低了，无法按照我们的要求进行吊装。我紧急找采购专家团队寻求帮助，得知在尼泊尔其他地方建水泥厂的中国公司有台承重量达 160 吨的吊机，眼下刚好空闲。我喜出望外。

这台吊机拯救了整个项目。我们的集装箱从外面运进加德满都，要翻过大山，而山路十分难行。花了一周多时间，吊机才从 100 公里外的工地被拉了过来，又花了三天时间组装完毕，比预计的入场时间晚了快两周。但是，师傅经验足，吊机吊装速度快，最多的一天吊装了八个箱体，很快就把落下的进度赶上了。

2019 年底，我们克服交付过程中的各种困难，完成了项目的主体交付。2020 年初，我们紧锣密鼓地安排客户开始对数据中心主体部分进行测试。但 3 月 28 日由于新冠疫情严重，尼泊尔开始封国，所有的交付活动都暂时停了下来，所幸在封城前我们完成了数据中心的测试。后来，我们在 5 月下旬拿到了初步验收证书。这个项目从 2019 年 5 月开始破土动工到 2020 年 5 月只用了一年时间就拿到了初步验收证书，这样的速度在全球排名也是靠前的！

IDC 项目快速、高质量的交付，为尼泊尔数据中心业务的后续拓展树立了样板，不仅极大提升了客户满意度，也为代表处拓展企业、政府数据中心项目积累了宝贵的经验，还让我进一步提升了做项目时对风险的识别和应对的能力。我到现在还记得，临时借来的那台大吊机是当时尼泊尔国内最大的吊机，很多客户也是第一次见到这个庞然大物工作的样子。大家在工地仰头看着大吊机，忍不住发出惊叹和称赞声：这个项目交给华为来做是正确的选择！

## 雪山与远方

2019年年底，我的妻子来尼泊尔看我。我们一同去了珠穆朗玛峰南坡大本营，在位于海拔3000多米的酒店的室外玻璃房里，远眺沐浴在阳光之下的雪山，别有一番韵味。远处，晶莹又巍峨的大山被洁白的云朵环绕，玻璃房中，暖融融的阳光笼罩着我们，一切美得无法用语言形容，我们也仿佛置身于一个世外桃源。整整一个多小时，我们俩没有怎么说话，就这样躺在躺椅上，我的脑海里却思绪万千。

还记得六年前，我带着满身的咖喱味，从印度匆匆赶到尼泊尔支持无线搬迁实验局项目。谁知道这一来，我就从出差变成了"扎根"，如今我已成为在尼泊尔工作最久的华为中方员工之一了。六年的时间，公司给我提供了宽阔的平台和众多的机会，让我随着代表处一起成长，从无线工程师成长为负责代表处专业服务模块的管理者，不仅提升了个人能力，也让我有了更丰富的人生经历。

当初饱受吐槽的宿舍和后勤，早已成为"峥嵘岁月"里的宝贵回忆。2016年代表处对环境做了较大的改善，办公室和宿舍焕然一新，说是尼泊尔最好的办公场所也不为过，抬头就能看到窗外的雪山。餐厅也增加人手，提升饭菜质量，成为尼泊尔最好的中餐厅。无论是出差的同事还是客户，吃过的人都说好。一想到师傅拿手的辣子

办公室窗外的风景

鸡丁，我都不禁要流口水了！

尼泊尔代表处一路走得艰难，华为在尼泊尔通信市场耕耘了二十年，不仅给当地带来了持续的就业机会，也为当地带来最新的通信技术，大大缩小了尼泊尔与发达国家的数字鸿沟。

在喜马拉雅山脚下，一代又一代的华为人坚守在这里。回首过去，这是我人生路上最为美好的一段回忆。我终有一天会把这段故事讲给我的子孙，让他们知道我曾经从遥远的津巴布韦转战到炎热的泰国，又从酷热的印度南部辗转到喜马拉雅山脚下的尼泊尔，我踏上过的这一片片土地曾留下我为当地通信事业发展所付出的小小力量和滴滴汗水……

（文字编辑：霍瑶）

# 我和刘先生北非十一年

作者：李峥（华为家属）

2019 年 7 月 7 日，周日，距离我们回国还有十天。

晚上，刘先生跟同事聚餐归来，微醺地瘫坐在客厅的沙发上，半醉半醒间和我聊了许久，酒后的红晕也压不住他眼底的落寞，言语间，全是淡淡的忧伤。我忍不住问他，走的那天你会哭吗？他沉默了几秒后说，我也不知道。

北非，于他而言，是挥洒青春和汗水的地方，也是他收获喜悦和成熟的地方。

刘先生的北非十一年，也是我的北非十一年。

## 他的华为入职日，我们的结婚纪念日

2008 年 2 月 28 日，刘先生南下深圳，入职华为。这个日子我记得很清楚，因为那天我们领了结婚证。上午领证，下午他就出发前往深圳了。

说起来，这还都是我的主意。我和刘先生从大学时代开始相识、相知、相恋，谈了四五年恋爱我们早已认定了彼此。刘先生入职华为后即将外派海外，那又将是一段马拉松式的分别，慎重考虑之后，我们决定给彼此最重要的承诺——结婚。我当时工作特别忙，领证得请假，送他去机场也得请假，我想不如把这两件事安排在一天，节省时间，提高效率。就这样，刘先生的华为入职日，就是我们的结婚纪念日。

但即便匆忙，结婚的喜悦还是冲击着我们年轻的心。大队培训之后，刘先生就去了北非，第一站就是塞内加尔，2008年的时候通信远不及现在这么发达，我们只能通过非常昂贵的国际长途，或者网络Skype、QQ，隔着八个小时的时差联系。那时他给我发了很多照片，给我看当地的风土人情，看自己住的、吃的，让我不要担心。虽然公司的小环境看上去不错，但是照片中他所处的首都达喀尔看起来其实是贫穷而荒凉的。看着照片，遥远的非洲在我心里一下子具体起来——我的爱人就在非洲，就是这个看起来有些"破破烂烂"的地方。

渐渐的，刘先生工作忙起来了。他说他们在开拓当地市场，要"又快又好"地交付一个公司级的项目，据说这个项目建成以后，当地有更多地方就能与世界联网，能打电话、能上网了。为了这个项目，大家全力在冲刺。本来就有时差，能碰上的时间就少，再加上项目紧急，他的工作异常繁忙，我们通话的时间少之又少。在国内感受不到关心的我逐渐开始闹脾气，和他冷战。现在想来，那时的他该有多难受，一边是热爱的工作，也是必须完成的工作，一边是新婚的妻子。大概就是这样高强度的工作和郁闷的心情导致我老公生病了，腿上莫名其妙起了很多毒疮，去看了医生，也未见大的起色。我急了，刘先生也急，心急如焚的我们做了一个共同的决定——我去非洲陪他，"随军"。

## 原来你是这样的华为人

2008年10月,我向单位提出辞职。交接完毕,11月3号我就乘坐飞机来到达喀尔。我是第一次出国,一切都是新鲜的。刘先生来机场接我,回宿舍的路上,我在车里坐着,看着外面的风景感觉并不陌生,因为刘先生先前发给我的照片里的景色,如今都一一真实地呈现在我眼前了。

回到宿舍,安顿好,我的"随军"生活就正式开始了。从亚洲到非洲,从中国到塞内加尔,是多么不一样的感受!华为园区在首都达喀尔的使馆区,这里环境很好,住的、用的都不差,尤其是食堂。作为河南人,食堂师傅做的烩面比我在河南老家吃的都要好,还有各种精美的小甜点,我直呼是"米其林水准"。

美丽的大西洋,热情的本地人,有趣的家属姐妹,美味的食堂饭菜,让我丝毫没有在异国他乡的不适,更重要的是随着我的到来,刘先生腿上的毒疮也在慢慢见好。这期间我也找到了"组织"——一群常驻家属逛菜场、做美食、学法语,倒也把生活安排得有滋有味。

刘先生依旧忙碌。虽然我也不懂,但是偶尔听到他谈起,说什么拿下了本地"三牌",现在正在割接,绝对不能出问题。时常夜色沉沉,他回到家里,头沾到枕头就秒睡了,但是手机铃声一响,他立刻一个"鲤鱼打挺"猛地从床上坐起来,幅度之大经常把我惊醒。他接了电话,穿起衣服,拿起电脑包,开门就走。不只是刘先生,平日里我和家属姐妹们聊天,大家的华为人老公似乎都是如此。我们一群人吐槽着各自的家人,也对华为人愈发敬佩起来了。正是这个时候,我更加了解了华为公司,更加理解了华为人那份拼搏的意义——也许当初大家只是为了一份工作、一份薪水,来到华为,来

塞内加尔的大海

到海外,但是真正投入到工作、接到客户需求的时候,他们已经不再奔着当初那份"初衷",而是真正负起了责任。我想,作为一个家属,我所能做的无非就是把抱怨收起,不给刘先生添麻烦;如果再能做几顿可口的家乡饭菜,那对刘先生来说也算是一种慰藉吧。

日子就这么慢慢过去。2009年我们利用回国探亲的假期,在老家举办了婚礼,购置了新房,等我们回到塞内加尔时,我们又回到以往宁静的生活:刘先生上班加班,我洗衣做饭。偶尔的假期,我们也会出游,最常去的就是海边,即使什么都不做,就是两个人手拉手看着大西洋都觉得幸福满满。

## 从一无所知到"李医生"

陪伴是最长情的告白。时间一点一滴地到了2011年,还记得那天是元旦,公司组织了全体员工在达喀尔总统饭店聚餐,庆祝新年,家属也都去了。也正是在那天,我发现自己怀孕了。我和刘先生都很开心，但是喜悦了没多久，艰难时刻来了，我孕期反应非常严重，而刘先生那段时间也正好有大项目，他只好下班后赶紧去食堂吃几口饭，然后再回到宿舍给我煮个面条，不等我吃完，他就又去机房加班了。持续了几周之后，我们都觉得这样不行，商量一下，决定趁休假时，刘先生送我回国，一来他可以安心工作，二来我回到妈妈家可以得到更好的照顾。就这样，我们又开始了两地的生活，只是多了一个宝宝，对我来说多了一份寄托，对他来说多了一份牵挂。

儿子一周岁之后，我就又带着儿子来到达喀尔。当时这个决定遭到了亲友的一致反对，他们认为非洲卫生条件不好，资源有限，更是谈疟色变。而我和刘先生一致认为没有什么比一家人在一起更重要。但是很快，我就后悔了。

那一年的圣诞节前，一岁三个月大的儿子莫名地开始高烧，布洛芬、对乙酰氨基酚统统退不了他的高烧，孩子的体温一度高达40.6℃，并且不吃不喝，只要求抱着。爸爸白天上班，到了晚上，本以为他可以替一下，可是生病的孩子根本不让爸爸碰。楼下的北北阿姨是除了我之外，孩子最喜欢亲近的人，所以北北阿姨一直在帮我照顾孩子。代表处的领导听说之后也立即安排了会法语的同事带我们去医院。经诊断原来是幼儿急疹，虽然是幼儿常见病，但一般的小朋友两三天都出疹子了，而我们的孩子一直高烧，还喂不进食物，初为父母的我们也焦虑到要崩溃了！好在折腾到第六天，孩子终于出了疹子，烧也退了。现在回忆起来，我觉得特别感恩华为，感恩刘先生有那么多好领导和好同事，感恩家属姐妹们给了我们那么多温暖。在此之后，儿子虽然有时还是会生病，但我已经从一开始的担惊受怕，磨炼到后来的沉着应对，从对满是法语药名的一无所知，到后来被人戏称为"李医生"。

"随军"时间越长，我对非洲越发有了更深的认识。大环境虽然艰苦，但小环境我们觉得安心。那几年是我们一家最开心的时光，家属之间坦诚相见，互相帮助，连吵架了都有人帮你"讨伐"老公。我也发现，随着岁月的增长，刘先生似乎各方面有了不少的长进。比如，有一次我在食堂吃饭，突然眼前出现刘先生的盈盈笑脸，然后他从身后变魔术般拿出一束鲜花。代表处的同事去西班牙参加通信展会，他也会悄悄托同事给我带护肤品、香水这些女孩子比较喜欢的东西。有时间一家三口去外面逛街游玩的时候，他也会作为"看娃"主力，让我尽情在外逛街玩耍，没有后顾之忧。

那几年，刘先生在工作上也收获了许多成绩和荣誉，他的奖牌一直摆在家里的橱柜里，我笑称这就是刘先生以后跟儿孙吹牛的资本。刘先生自己也是感慨，在塞内加尔的这几年，收获满满，结婚、买房、生子等人生大事都是这个时期完成的。

## 第二次"随军"

我们波澜不惊的海外小日子悠悠地过着，到了 2015 年底，我已经怀二胎 27 周了，于是便回国待产。刘先生也在 2016 年 9 月接到调令，到北非地区部所在地埃及工作。

从代表处到地区部，从达喀尔到开罗，地域的差异和工作方式的调整，刘先生在初到开罗的日子有些许不适应。而此时在国内的我，也因为产后情绪不稳，心情开始低落。在这种情况下，我和刘先生思虑再三，决定我再次"随军"。2017 年 1 月底，农历除夕前一天，我带着俩孩子飞往开罗，我们一家人终于又在一起了！

刚到开罗，小女儿就给我来了一个下马威。大年初二小女儿就开始生病，跟哥哥小时候一样的症状，只不过这回是持续低烧，喘到无法入睡。到了开罗国际医院，医生检查之后发现是肺炎，直接下令住院，而且是必须住院，没商量！

刘先生跑完住院手续后发现孩子的邻床是名老妇人，按照阿拉伯世界的规矩，男女有别，刘先生晚上不可以陪床。白天，他要上班，晚上也不能陪床，只能在晚饭后过来看我们一眼，八点一过就会被医生请出病房。我很想让他请两天假，话几乎要说出口却又咽了回去。看他来医院的一个多小时都还在不停地接电话，我想，他就算真请假了，心也不在这里，还不如我们各司其职吧！都说为母则刚，我给自己鼓劲，自己一定可以：我的英语应该可以应付和医生的交流。就这样，我一天24小时抱着毫无精神的小女儿，看着她因扎针而哭得撕心裂肺，看着她抗拒雾化而踢打不止，看着她两只小脚被扎得浮肿，看着她睡梦中不时惊醒和轻泣……我心疼极了，自己也数次泪目。

要问那时候我心里对刘先生有怨吗？我必须诚实地回答：有！真的有！但是埋怨的感觉持续不到三秒，我往往又会想起他的好。平心而论，刘先生是个称职的丈夫，也是个称职的爸爸。工作虽然忙碌，但他总是尽可能关注到我的小心思、小想法，及时和我沟通。闲暇的时候，他也会下厨做他的拿手菜，让我歇一歇。偶尔下班回来早，他会把两个娃带得妥妥帖帖，以至于每天晚上成了俩孩子最期待的时刻：只要听到门响，俩孩子顾不上穿鞋，会一起飞奔到门口迎接爸爸；开门的一刹那，俩孩子会同时扑进爸爸怀里，爸爸就会左手抱一个、右手抱一个，接着俩孩子就会在他脸上"左右开弓"，每个人狠狠地亲着爸爸的脸颊，一阵"mua"声之后，三个人一起哈哈大笑……一想起这些，我之前的埋怨之气早已烟消云散。他体谅我的不易，我也就更加理解他的辛苦。我想，家庭分工不同，刘先

埃及华为宿舍区

生的辛苦也是为了我们小家,因此我们必须各自做好分内事。

女儿住院第五天,终于得到医生批准出院。庆幸的是,出院之后的小姑娘体质倍儿棒,很少再生病。这次小惊险之后,我们又回归到之前平淡而幸福的海外"随军"生活。儿子上了当地一所国际学校,每天乐呵呵地告诉我们他又交了哪些新朋友,学到了哪些新句子。小女儿则每天在我们身边咿呀学语,家里有同龄娃的家属姐妹们时常约在一起,带娃读书,带娃看街边的小猫小狗,又或者"怂恿"自己的娃们跟当地的小朋友"鸡同鸭讲",一起嬉戏玩耍。

埃及毗邻红海和地中海,自然风光也是极好的,但我们在埃及的日子里很不凑巧,每每假期出游,刘先生都是定好了车和酒店,自己却总是因为各种紧急事情而未能同行。我带着孩子去过红海旁的沙姆沙伊赫和赫尔格达,孩子们和我都玩得很开心。为了安抚刘先生,我一回来就告诉他:埃及的红海跟达喀尔的大西洋差远了,也没啥好看的!而为了避免一旦发生紧急情况赶不回来的窘境,后来直到离开埃及,刘先生也未能离开过开罗市。

我与儿子在埃及看大海

## 北非十一年,无怨无悔

2018年初,为了给儿子准备当年9月份的小学入学事宜,我和孩子们回到国内,这一次是真的要结束长期"随军"的生活了。而刘先生所在的部门也从埃及搬迁至摩洛哥。

分开了半年之后,孩子们特别想念爸爸,所以当年的暑假,我带着孩子们飞往摩洛哥度假。摩洛哥的卡萨布兰卡是一个美丽和浪漫的地方,短短一个月的时间已经让我们爱上了这座城市。对沙子和水的热爱,也让孩子们对卡萨布兰卡的海难以忘怀。2019年的暑假,我又再度带着两个孩子来到卡萨布兰卡,一起享受短暂而美好的团聚时光。

随着俩孩子逐渐长大,刘先生的海外工作时间竟然也已经到了两位数。经过深思熟虑,在北非工作了十一年零四个月后,我们夫妇商定回归国内,用刘先生的话说就是"换个起点,继续奔跑"。刘先生的回国申请很快就得到了批准,随即进行工作交接。

现在,我们一家人在离中国万里之外的北非。每每望着高高矗立的清真寺,听着熟悉又陌生的诵经声,看着潮起潮落的大西洋,

刘先生抱着小女儿在卡萨布兰卡海边看日落

还有路边热情跟我们说"你好"的本地人……我们心里充满了不舍，一想起就要离开这片我们奋斗了十一年的热土，过往的那些辛苦与辛酸全都化作一幕幕美好的回忆。原以为会欢欣雀跃地回国，不想这一天来临时我的心里竟痛痛的，我不知道刘先生在离别之日会不会流泪，而我，在写下这些文字的时候已经是满眼热泪……

以后的日子，我们一定会不时想起北非，想起那深邃浩瀚的大西洋，古老神秘的金字塔，雄伟神圣的哈桑二世清真寺，善良可爱的华为家属姐妹，堪比"舌尖上的中国"系列的华为食堂，当然还有这里一群认真又"傻气"的华为人……

北非，我来过，无怨无悔！再见了，北非！

最后，祝愿刘先生在今后的工作中一切顺利，我和孩子们永远支持你！

写于 2019 年 7 月 7 日深夜

（文字编辑：霍瑶）

# 我从乍得"出道"

作者：孙高强

一股刺鼻的汽油味扑面而来，我走下飞机，环视了一圈，四周灰茫茫的，没有一棵树，空旷中带着些许荒凉的气息。去办公室的路上，我第一次见到用头顶着水罐走路的本地人、低矮的建筑和破旧的汽车以及道路两旁纷飞的黄沙。

2015年11月11日，"光棍节"，我第一次出国，目的地乍得。

为什么来？研究生毕业时听说"海外三年能挣100万"，我动心了。作为一个"野蛮生长"的农村孩子，我最不怕的就是吃苦，想出去看看大千世界。于是我当即就做了决定：非华为不可，非艰苦区域不去！所以当主管告诉我海外第一站是乍得时，我一口应允。

二营新员工培训期间的我（左一）

## 乍得不流行"追鸡"了

一到办公室,我就受到了热情欢迎。这里二十多个兄弟都是"老前辈"了,见到一个初出茅庐的年轻人"自投罗网",都主动来打招呼。"为啥来啊?""三年 100 万啊!"我开玩笑回答,大家也都哈哈大笑起来:"放心,这是真的!"

当时华为马里代表处包括三个国家:乍得、尼日尔、马里。三国的工作条件都很艰苦,乍得在 2014 年联合国发展指数中更是排名倒数第三。但华为在乍得的办公区是一栋两三层的小楼,下面办公,楼上住宿,旁边是食堂,麻雀虽小,五脏俱全。

进公司的时候我就听过"乍得追鸡"的故事。早些年娱乐健身设施很少,只能跑步,有个兄弟为了有个追逐的目标,就追着鸡跑。后来不知道是因为天气太热还是别的原因,鸡竟然奄奄一息了,到底是热死的、吓死的、累死的,至今还是个谜。

我来了以后,虽然用不着"追鸡"了,不过娱乐活动也就那两样:一是逛附近的中国超市,二是踢足球。说是超市,其实就是个小卖部,商品不多。有一次,本想买几桶方便面解解馋,结果我一看生产日期,已经过期两年了,没办法,买了点中国调料就打道回府。踢球就在门口的一个沙地上,找几个小伙伴,五人制组队 PK。对面一个变向,身后就尘土飞扬,一场比赛下来沙子都吃饱了。

虽然不像国内生活那么丰富多彩,但大家一起吃饭、一起工作、一起玩耍的氛围,简单又舒服,让我感觉回到了大学时期。

2015 年年底我们搬家了,不仅住得更舒服了,还增加了健身房和乒乓球台,娱乐活动也丰富了。去年,乍得的兄弟们彻底告别没有办公网络、没有厨师、没有 KTV 的"三无"生活,搬进了独立园区;

园区内可以观赏到孔雀、羚羊、长尾猴等动物,还有篮球场、绿草地、跑步道……吹着河风,伴着夕阳,吃着烧烤,唱着歌,生活太惬意了!

## "首秀"失利

对我来说,生活的苦根本不算什么,工作上的"被虐"才让人抓狂。

到了乍得,我才知道自己是这里唯一的核心网工程师,负责交付语音系统。没有交付经验不说,更崩溃的是——我张不开嘴说英语。

第一次见客户,我用一句"How are you"打通关,其他的单词就像是跟我玩"捉迷藏",怎么都想不起来。第一次开例会,客户求助我们,称目前部分国家的号码漫游到乍得失败的问题,问我们怎么解决。我怀疑是设备参数有问题,想解释一下,可话到嘴边就是说不出来,支支吾吾了半天,憋出了几个毫不关联的单词,根本凑不成一句完整的话。

客户CTO看着满脸通红的我,叹了一口气,希望我们能尽快给他一个满意的答复。后来他还私下问我的主管:"这个新来的小伙子,真的能干好吗?"

"首秀"失利让我有点沮丧,我得拿出行动证明自己的实力。

哪些国家的电话会出现漫游失败的情况,我首先和客户一一沟通和确认,在研发和技术支持中心的帮助下,尝试复现问题。我们顺藤摸瓜找到了原因——客户误操作,修改了其他厂商设备的设置参数,导致通话故障。

问题的定位异常顺利,但怎么和客户说清楚、讲明白,我费了一番心思。有了前车之鉴，我把问题根因分析报告和客户有可能提到的问题翻译成英文，默默背下来，在问题追溯会上较为流利地向客户讲述了问题的根因和解决方案。看到短短几天我能有这么大变化，客户脸上露出了惊讶的表情。

天赋不够，勤奋来凑！不管每天多忙，早上一睁眼和晚上入睡前，我都会强迫自己把前一天积累的专业词汇复习一遍。有时候困得不行，我就狠狠掐自己一把，直到完成每天的"规定动作"。见客户的间隙，我会提前演练想和客户说的话和本次汇报的要点，并用手机的录音软件录下来，自己给自己找茬，反复录，反复听，直到把所有卡壳和语法错误的地方全部纠正过来为止。

与此同时，坐在我身边的客户工程师也帮了我大忙。他每次和我沟通的时候会耐心地等我用翻译软件找专业词汇，还会主动和我聊聊中国的美食和人文。不管我说得多么磕磕绊绊，他总是点头鼓励我："不要怕，错不要紧，但必须要说！"这样优质的练习口语对象，给了我莫大的信心。

经过一个多月的实践以及我英语能力的逐渐提升，客户 CTO 也逐渐开始信任我。记得有一次，在顺利完成一个项目并成功汇报后，客户 CTO 对我说："小伙子，你的英语终于和你的技术一样厉害了！"听到这句话，我感慨万千，内心有一股说不出来的滋味。

这也意味着我在乍得正式"出道"了，开始朝着非洲"技术担当"的位置继续进发！

## 人生中最紧张的 60 分钟

2016 年 4 月，我去马里维护核心网的现网，同时交付 S 运营商的融合数据系统。

一下飞机，我就感觉自己"进城"了！在从机场去马里首都巴马科办公室的路上，我看到了久违的树木。公司在当地的富人区租了几栋三四层小楼办公，同事们亲切地称之为"岛上的别墅区"。

不过，我们和客户办公室离得有点远，每次往返都要经过十几分钟的土路，碰到下雨天，车子经常会陷到泥里。后来，我就索性每天早上去，中午也不回来休息，全天待在客户办公室，这刚好是客户最需要的全天候"保姆式"服务。

我经常帮助客户核心网工程师处理一些网络问题，甚至帮忙修电脑、装系统，有时候到了饭点他也不让我走。我们常常去附近的一个中餐馆吃饭，点上我最爱的青椒炒蛋、葱爆羊肉、麻婆豆腐，教客户怎么用中国的筷子吃饭。客户虽然姿势略显别扭和笨拙，但我们很开心，笑作一团。我慢慢还学了一点法语，尝试用法语和客户做简单沟通。客户一见到我更亲切了，每天不厌其烦地问候我："你好吗？""一切都好吗？""你父母身体好吗？"

2016年11月，我被破格提拔为核心网技术组长。不久，有一天上午9点多，运营商S客户通报，部分地区有时会出现通话静音现象，影响范围估计有30多万用户。S客户怀疑是核心网设备出了问题。

我接到通报，脑袋"嗡"了一下，先出现了片刻空白，半晌才回过神来：不应该啊，我们这几天没有做什么异常操作，怎么回事呢？

看我六神无主的样子，在马里扎根十年的维护经理老尤鼓励我说："我在马里十年处理过N次网络问题，肯定很快就可以找到问题根因。"

究竟是核心网的问题，还是传输或者其他设备的问题？我们一起拉通核心网、固网、软件、无线、传输等所有维护员工，火速赶到机房，组成问题处理攻关小组。研发和技术支持中心也成立了24小时的攻关团队。

一时间，客户狭小的办公室里挤满了华为的工程师、项目经理、客户经理，加上客户，十几个人围在我身边。客户CTO坐在一旁，紧盯着我的操作。房间内异常安静，我按压鼠标的手指微微有些发抖，额头沁满了汗珠，但还是强装镇定地在电脑前操作。

我登录网络设备获取数据，查告警，查配置，查近期所有的可疑操作，一点点排除问题。与此同时，网优工程师也在指定区域一刻不停地拨打电话，电话接通，挂掉，没问题，再来……

大约打了几百个电话后，我们终于等来了好消息："静音问题复现了！"我把消息告诉在一旁的同事时，激动得舌头都在打颤。接下来，通过抓取数据，攻关团队立刻对数据展开分析。

10分钟，20分钟，30分钟……时间一分一秒地流逝，紧张的气氛就像越敲越快的鼓点，重重撞击着我们每个人的心。一个小时后，就在鼓点频率即将到达顶点时，我们终于发现两个骨干网之间的IP不通，是中间传输中断所致，这也意味着问题不是出在核心网设备上，和华为操作无关！

我稍稍缓口气，把最新进展告诉一旁的客户CTO，也希望客户能排查一下其他厂商近期的操作，看问题是不是出在其他设备上。

虽然排除了华为设备的"嫌疑"，但这不是我们攻关的终点。我们继续沿着IP路线去分析，以便能顺藤摸瓜找到出问题的传输设备。与此同时，客户通过排查得知，原来是第三方施工把客户某个区域的光缆挖断了，导致传输设备故障。客户对此进行紧急修复后，很快解决了问题。彻底放松下来后，我才觉得两腿发软，不听使唤，

2017 年初马里，周末酣畅淋漓的足球赛后合影

这算是我人生中最紧张的 60 分钟了！

  被华为的迅速反应和良好服务打动，客户 CTO 给我们发来一封言辞恳切的感谢信。他后来每次见到我都会拿我的英文名打趣："Sun（太阳），你技术这么牛，应该叫 Big Sun（超强太阳）！"

## 第一次上电视直播

  2017 年 7 月，马里新建运营商 A，要求核心网设备到货 30 天内必须打通 First Call（首次呼叫）。按以往经验，正常情况下这可是 5 个月工期的工作啊！

  在我看来，这么短的时间内要打通 First Call 简直是异想天开。设备现在还没发出来，人员也没有到齐，巧妇难为无米之炊。

我能做点什么？思来想去，我决定把网络设计和脚本制作提前。这就好比盖房子，尽管水泥、砖头等建筑材料还没到，但客户想要一座什么样的房子，是几层楼，有几个房间，采用何种装修风格和材料……这一系列问题，作为"设计师"，我都必须提前和客户一一沟通、对表，确定最终的网络设计方案。

接下来，没有人我就自己上。我从总部申请了测试资源，在现场搭建了一个模拟环境。在这个环境下，我把前期做的脚本输入进去，验证脚本可以正常运行，配置生效。这就是提前演练，穷尽所有可能出现的情况，确保"万事俱备，只欠东风"。

设备到位后，我立马跟着分包商去站点硬装、布线，跟进客户及时供电，然后把脚本挂上去，又马不停蹄地跟进其他产品线做好后续配置。当时马里的天气很热，站点里还没来得及装空调，每天操作下来我都是汗涔涔的，浑身湿透了。

辛苦的努力很快收到了回报。一番操作下来，First Call 比原计划提前了 15 天打通！

还记得那一天，我们给客户的测试手机打电话。"嘟嘟嘟……"电话响了好多声，客户才接机，语气中充满了惊讶："这么快就打通了？"

"是的，打通了！"我们在电话的这头欢呼起来，连日的疲惫全都一扫而光。

不久，在面向马里全国直播的新闻发布会上，客户让我坐在发布会最前排的座位，对着全国的媒体热情介绍道："这是来自华为的工程师，帮我们打通 First Call 的工程师……"

"咔嚓"声响成一片，闪光灯瞬间一齐闪烁，镜头全都围了过来，我站起身对大家挥手，体会到了"走上人生巅峰"的滋味。那一刻，作为一名华为工程师,我感到无比骄傲和自豪!

## 父母陪伴的幸福时光

2019年8月,塞内加尔和马里代表处合并之后,我被安排到塞内加尔担任固网技术组长和技术管理办公室负责人。

塞内加尔的华为办公室面朝大海,还有排名前十的"大西洋餐厅"。当天同事邀请我去西非之角吃海鲜大餐,叫了一盘白贝、扇贝、海瓜子、青贝和海胆。我还喝了一杯当地的面包树的果汁,满足得直打嗝。我又惊又喜,原来塞内加尔是个"发达国家"啊!

我干劲满满地投入了工作。2019年10月初,安顿好后,我把爸妈和姐姐接来探亲。平时我工作忙,无法陪伴他们,但让我感到高兴的是,我不在的时候,他们不仅通过手势的比画,学会了和当地人讲价买菜,而且还在闲暇时候去附近的海滩抓海胆、挖鲍鱼、捡佛手螺,日子过得丰富而精彩。

到了周末,我总算可以腾出时间带他们去西非之角吃海鲜

2019年10月,全家人摄于塞内加尔奴隶岛(左起是我姐和爸妈)

大餐、去奴隶岛看风景、到玫瑰湖坐船……这对从来没有出过国、一辈子面朝黄土背朝天的父母来说，这是一个可以在村里吹嘘一辈子的事情。

这样的日子一直持续到了 11 月初。出于系统升级和业务连续性的需要，主管派我去马里出差，交付北非首个 NCE（Network Cloud Engine，网络云化引擎）网管系统。安顿好父母，拜托同事帮忙照顾后，我独自去马里出差。很幸运，只用了 15 天，我就完成了基本交付，只等 11 月 19 日客户审批上线。

由于父母之前定了 11 月 17 日回国的机票，趁着这个空当儿，我回到了马里。父母特地做了满满一大桌我爱吃的饭菜，每一口都是家的幸福味道。为了不影响项目交付，我恋恋不舍地送父母登上了回国的飞机，看着他们渐行渐远的背影，心中五味杂陈。当晚我在机场大厅睡了一夜，第二天继续去马里交付项目。

11 月 19 日，我们成功上线了北非 TOP3 NCE 网管系统，获得了客户的认可。得知项目成功的消息后，电话那头的父母比我还高兴："好，顺利就好！"其实他们压根儿不知道我做的是什么项目、意味着什么，只是单纯地为我取得的一点点成绩而感到快乐，为我能在华为公司做一点事情而感到欣慰。尤其是这次非洲之行看到我平时工作和生活的环境，他们心中的顾虑烟消云散，只是一遍又一遍用最朴素的话嘱咐我："你要踏踏实实工作，做一个勤奋的人，对得起公司的栽培！"

## 华为带我看世界

2020 年，面对业务连续性挑战和突如其来的疫情，我们依然如期完成了塞内加尔首个 5G 测试局的战略项目；塞内加尔代表处更是创纪录实现了北非地区部最多的网管改造目标，共计 81 套。这些成绩的背后是华为每一位坚守英雄的努力和付出。

"道虽迩，不行不至；事虽小，不为不成。"不知不觉间，我在海外艰苦地区工作了五年多，在乍得、马里、塞内加尔都留下了足迹，从一名新员工成长为别人口中有技术担当的"强哥"，如今更是身兼数职，把自己"炼"成了一个"多面手"：核心网技术组长、固网技术组长、技术管理办公室负责人、系统部技术总负责人和网管项目经理……

"三年 100 万"的梦想早已实现，但我还是在坚守。是的，这里没有国内或者发达地区那么好的外部环境，但最不缺的就是"吃苦"和成长的机会。就如同当初想象的一样，"万花筒"里的世界千变万化，边界无限大，而借由华为提供的足够大的平台、足够多的触角，我看到了更加广阔的天地和更多的可能性。我想，这也是吸引我留下来的原因。

今年还有个好消息，我和异地恋一年多的女朋友正式"扯证"了！她放弃了国内的工作来到塞内加尔"随军"，让我可以安心工作，毅然前行。每一个华为人的身后都是默默付出的家人们，未来，我会带着这份感恩继续前行，努力迎接下一个挑战。

（文字编辑：江晓奕）

# 把钱送到你的手中

尼日利亚 FMM 项目组

这是 2020 年 5 月一个平淡无奇的上午，尼日利亚南部城市拉各斯郊区，一个小卖部店主打开店门，把货架移出来准备营业。他刚把"移动钱包"的海报在店门口摆放好，生意就来了——附近的居民纷纷拿着手机来支取现金，人来人往，络绎不绝。

"太好了，今天终于取到钱了！"刚拿到现金的小伙子沙立夫心情不错。因为昨天来晚了一点，这个拥有 POS（Point of sales，销售点）机、可以刷"手机号"取现的网点已经没有钱了，今天他特意

居民区小卖部的"移动钱包"网点

起早,踩着点过来,终于取到了现金。手里紧攥的 3000 奈拉(约合 50 元人民币),是他稳稳的幸福:终于有钱可以购买食物了!

## "取不到"的现金

非洲最大的海湾是几内亚湾,而湾边的尼日利亚不仅是非洲第一大石油生产国,而且也是非洲第一大经济体,更是非洲人口最多的国家。但在刷卡支付已经席卷世界,手机支付、移动钱包已经为大多数消费者接受的当下,这里的人们还基本使用现金买东西。

由于银行网点覆盖不足,平日里人们已经饱受取款不便的困扰,而在 2020 年年初新冠疫情大肆蔓延后,当地人取钱更是难上加难。3 月底,尼日利亚全国开始停工、停课,银行、公共交通、政府公共服务等全面封闭,城市与城市之间也陷入了全面封锁状态。

疫情当前,代表处遵循当地政府的要求,全面停止办公室聚集办公,转为在宿舍居家办公。4 月上旬,我们一群人"云"开会的时候,本地同事乔纳森(Jonathan)在屏幕另一边感叹:由于银行关闭,取不到现金,手头现金不足,想买东西非常困难!他还表示自己身边很多人都遇到了这样的难题。听他这么一说,大家不约而同想到移动支付——这个不需要现金的支付方式。有十年移动支付项目经验的专家李明光更是眼前一亮:机会来了!一直以来,希望能推动尼日利亚移动钱包项目的他,终于找到了抓手。

对非洲大陆来说,移动钱包并不是什么新鲜事,在肯尼亚等国的发展日趋成熟。对华为来说,此前华为也有数个成功交付案例。由于种种原因,移动钱包一直没能在尼日利亚大范围推广。如今大家看到了移动钱包所具有的重要意义,尼日利亚软件负责人郑开军立刻组织专家李明光和王双庆,针对本地居民取现困难的问题,进行了专项讨论。专项小组也由此成立。

当时我们设想,在这样一个"现金为王"的国家,我们或许可以给当地人民带来"买、买、买"的新的支付方式。

## 找到取现方法

尼日利亚基础设施不够完善,比如电力资源就较为匮乏,市内供电每天只能供应 6 到 8 个小时,其余时间得靠私人发电机。此外,交通、道路、安保等方面也不尽如人意。多种因素叠加,造成银行的渗透率低,所以无论是卡支付还是其他形式的支付,都不如现金支付来得稳定。

根据市场调研情况看,只有三成本地人持有银行卡或者手机移动钱包。例如一户家庭,可能只有一个人拥有银行卡,一家人的吃穿花销都从这张卡里提取现金。一个小公司,可能有十几名员工,公司也只有一张银行卡,负责人会把钱从卡里提取出来,再以现金形式把工资发放到每一名员工的手里。项目组摸清了尼日利亚本土情况,并结合中国国内移动钱包的经验,以及华为已有的成功经验,认为"POS 机 + 代理商网点"相结合是解决目前"取现难"问题的最佳方案。

具体来说,持有银行卡的人,可以在代理商网点的 POS 机上刷卡取现,而已经拥有移动钱包的用户,也可以在网点"刷手机"取现。代理商每天手头持有一定存量的现金,通过人们的取现来赚取一定金额的手续费。

这样的方案可以有效解决银行服务网点覆盖不足的问题,同时也能避免疫情期间老百姓因为取现而需要出门"长途跋涉"、寻找网点的不便。但是这样方案的背后需要一家强大的合作伙伴做支撑，F公司这个时候进入我们视野。作为尼日利亚国内一家移动钱包解决方案的提供商，F公司在移动金融服务的交付、集成和实施方面拥有丰富的经验，该公司在当地有一定知名度，金融信誉好，业务覆盖范围广。我们找到F公司，一提出"移动钱包"取现的方案，他们当即表示愿意合作。

就这样，由华为提供系统支撑、商业资讯方案的"POS机+代理商网点"取现项目正式拉开序幕。F公司全力以赴支持这个方案，调集了大量人力、物力投入到这个项目中。基于之前华为比较成熟的技术解决方案，我们前期做得一直比较顺利。但随着项目的推进，难题来了：一方面F公司本身运营能力有限，另外一方面是移动钱包在设备采购上有困难。项目组每天聚集在线上开会、研讨方案，希望能帮助F公司快速解决燃眉之急。

多轮商讨后，我们决定协助F公司从中国国内采购POS机。这其实是合同之外的内容。我们把计划汇报给区域和代表处的领导。在了解这个项目的意义之后，代表处领导大力支持。项目组接下来兵分两路，一部分人去协调采购，快速从国内采购大批量的POS机；一部分工程师开始准备后续POS机部署，保障第一时间服务上线。同时，我们也确定了POS机的全国铺开路径：以尼日利亚东南部为中心点，向北部和西南区域扩散部署，其实也就是从发达地区向欠发达地区铺开，多在中小型城市部署，方便农村居民取现。

## 把现金"送"到老百姓手中

根据我们的计划，我们将在居民区的代理商网点布置POS机，方便居民快速取现，解决当下的生活困难。但是疫情当前，如何减少人员聚集和外出也成为我们考虑的重点。我们多想了一步，经过与F公司的商讨，决定发动一批代理商提供上门取现服务。同时，我们也把一批居民区小商店发展为新的代理商，这样就能更方便居民取现了。

一切似乎都在有条不紊地推进着。有一天，项目组开会，屏幕上F公司一位员工面露难色，原来是许多居民不相信移动钱包！的确，在这个"现金为王"的国度，大多数人只相信实实在在的现金，突然来了个看不见摸不着的钱包，还能取现，一时间难以接受。我们必须花费一番心思来让老百姓认识和接受移动钱包，最好的方法当然是现场宣讲，面对面演示。但是谁去居民区与当地人面对面演示呢？

"当然是我了！"当我们讨论到这个问题时，本地员工乔纳森抢麦发言了。屏幕上的他满脸期待，自告奋勇地表示自己可以去一线与居民交流、做示范。相较于我们这群外国人面孔而言，作为本地人的他具有无可比拟的优势。

带着大家"一定要做好防护"的千叮万嘱，乔纳森跟随F公司团队，一起深入居民区，给大家现场科普移动钱包，耐心回答居民们的一个个提问，让居民们更多地了解移动支付。现场宣讲的效果也是显著的，很快，不少居民开始前往代理点取现，由于每个代理点的现金有限，有时还会出现来晚了就没有现金的情况。2020年4月，我们完成了第一批数百台POS机的部署；到了当年底，数千台取现POS机已经部署完毕。

"POS机+代理商网点"的取现方式在一定程度上缓解了尼日利亚人民手头"没钱"的窘境，我们内心充满欣喜。与此同时，在经济更加不发达的尼日利亚北方地区，我们与 F 公司还共同做了另外一件"大事"。

## 10000 奈拉的笑与泪

"他们开心得跳起舞来了呢！"

"我也不知道该怎么办，就看着他们，我也跟着笑，跟着欢呼！"

2020 年 5 月底的一次 WeLink（华为协同办公平台）会议上，乔纳森声情并茂地回忆着自己刚经历的一切。

这个项目就是前面提到的，我们协助 F 公司在尼日利亚北方地区推进的一件大事——帮助政府发放救济金。近年来，尼日利亚的经济水平在逐年增长，国家的经济以及居民的生活也在逐步发展，但由于起步较晚仍然存在一定数量的贫困人口。一直以来，政府致力于消除贫困人口，尽量解决贫困人口的基本生活问题。但随疫情暴发，大量工厂停工，市场关闭，社会出现了一部分依靠打零工生存的居民，他们随时面临着"断粮"的危机。尼日利亚政府希望 F 公司迅速将扶贫救济金发放到这些生活有困难的居民手中。

帮助政府扶贫，并着力于切实改善本土的金融支付环境，一直是 F 公司的经营理念。基于之前良好的合作关系，F 公司希望与华为再度携手，一起将救济金送到有需要的人手上。得知 F 公司的这个想法，华为项目组每一位成员都"与有荣焉"，这可是一件切实能帮助当地老百姓的好事，而且我们不仅有这个心，也有这个能力。于是 POS 机项目的李明光与王双庆等专家又开始着手救济金发放项目的开发。经与尼日利亚央行确认后，我们只用一周时间就搭建好了身份识别系统，确保"一钱一人"，方便扶贫资金到位。

发放救济金最难的地方在于，贫困地区的居民怎样才能拿到钱，在南方等发达地区提现不易，在北方贫困地区更难。经过与 F 公司协商，我们决定组织一批代理商"下乡"，同时由 F 公司负责用运钞车押运现金，直接把现金运到扶贫点，然后把现金直接发放到贫困户手中。方案定下来后，王双庆组织运营维护的同事加班加点，在两天内完成了几十万个个人账户的开通，并完成了数十亿奈拉资金准备充值的工作，辅助 F 公司做好扶贫的准备工作。

一切就绪，准备出发。这一次出发，可比上次深入一线居民区宣讲的危险大多了。北部地区治安不好，况且还携带这么多现金前往扶贫点，虽有安保公司一路护送，也是一次不小的冒险。但是，扶贫基金的发放搭载在我们华为的产品和解决方案上，作为华为人，我们理应一同前往。为稳妥起见，本地同事乔纳森此时又发挥了重要作用：他主动请缨，与 F 公司一起北上发放扶贫救济金。

虽然是本地人，但从小在南部经济发达区长大的乔纳森还是被北部贫困地区的景象惊呆了。由于贫困人口居住偏远，想要到达既定的发放点，在路上就要花费数天的时间。当时正值雨季，下个不停的雨水让本就糟糕的路况更加糟糕。道路泥泞，开车一上午只能行进 80 公里是常有的事。车轮陷入泥里无法前进，大家只好下车推车。由于运载着巨额现金，大家的神经一路紧绷。

路途艰险，车终于到达救济点。这里早已等待着大量需要救助的民众。羸弱的孩子，因为饥饿而面色发黄的居民，一双双渴望的眼睛瞪着项目组。眼前的景象让乔纳森以及 F 公司扶贫小组成员早已忘记来时路上的辛苦，大家内心只有一个念头：尽快把救济金发给所有需要的人们。

2020 年，我们的救济金发放项目覆盖到了尼日利亚的九个州，

救济金发放点

把保障生活基本需求的救济金送入了当地几十万户家庭中。深入一线的乔纳森返回拉各斯后,他和我们讲述了一路上的见闻。他还记得,在一个发放点,一位怀里抱着孩子、腿边还紧紧依偎着一个小孩的当地妇女,领到了 10000 奈拉(约合 160 元人民币)的救济金,不禁喜极而泣,用当地语言不停说谢谢,身边的小孩也咧开嘴笑得很开心。这个画面让他终生难忘。不少当地居民领到钱后高兴得载歌载舞。听到这些,我们都百感交集。从来没有想过,我们做的一份小小工作,真的可以起到这么大的作用!能给当地人民带去希望。如今,虽然我们身居"幕后",但是凝聚着我们智慧与汗水的运转着的系统正在发挥着重大作用。大家笑着调侃道:"看不见的我们与看不见的钱包同样的重要。"

## 追逐雷电的人

6 月的尼日利亚,天空依旧被雨云笼罩。作为热带草原气候国家,尼日利亚的雨季除了带来阴沉沉的天气和道路的泥泞不堪，再有就是雷电频发有可能造成机房设备故障。当乔纳森在前线奔波的时候，项目组的其他成员则在后方支撑、守护着系统平台的平稳运行，让移动钱包可靠运转，把现金平稳地送到需要它的人手里。

然而一天午夜，工程师王双庆的手机忽然响起。接完电话，他的心凉了半截：几公里以外的 F 公司的机房断电了！他火速打开电脑，上线拉会。项目组成员纷纷从梦乡中醒来，聚集在网上共同面对难题。虽然我们对这种意外有多套应急方案，比如灾害预警、数据提前备份、断点业务找回等，但再完善的准备也无法阻挡大自然灾害的侵袭。这天晚上，强烈的雷暴雨侵袭拉各斯，机房电源还是被雷电击坏了。我们的系统关系到第二天救济金的发放和居民提现问题，恢复业务刻不容缓，但是当时大家还处于隔离阶段，外面还雷雨交加。"我会加倍小心的，大家不用担心！"说完这句话，王双庆透过窗户看了一眼外面的大雨，戴上口罩，就火速出发奔赴机房了。

因为是夜间，发电机的维修进度非常缓慢，王双庆又紧急拉通华为各自固有资源，帮忙在拉各斯当地寻找到经验丰富的维修公司上门，快速帮助 F 公司更换了损坏部件，恢复了部分供电。为了不影响第二天的业务正常进行，他马上着手恢复数据。

与此同时，代表处软件交付专家郝鲲，也第一时间进行远程协助，但进展依然缓慢。他立刻决定前往现场。在做好防护措施后，他凌晨 2 点多在轰隆隆雷声与滂沱大雨中到达现场，与王双庆一起逐一排查，最终确认了问题点，并联合万里之外的国内专家，确定了数据恢复方案。经过一夜奋战，数据终于在第二天业务开始之前得以恢复。我们保障了救济金发放工作的顺利进行。

当王双庆带领运营维护小组返回住地的时候，天光已经大亮，大雨过后，出现了雨季中难得的大晴天。虽然路面崎岖不平，组员们在车里上下颠簸，但心情却格外轻松。

## 带着希望继续前行

2020年是特殊的一年，一场疫情改变了许多人的命运，也改变了许多人的生活习惯。面对措手不及的新形势和新挑战，作为坚守在尼日利亚的华为人也在快速适应变化，并基于这种变化，用手头的产品给当地居民提供更多的便利。

移动钱包成为我们重要的抓手，它的发展空间也在一点点得以拓展。比如，尼日利亚居民用电是预购电方式，我们帮助F公司打造了集成收费的模式，这样居民通过F公司的移动钱包就可以线上缴付电费，再也不用担心疫情期间因线下缴费点关闭而无电可用了。

我们还帮助尼日利亚的消费者融入世界潮流，开启"买、买、买"新模式。华为数字化运营专家黄航打造的OTT（通过互联网向用户提供各种应用服务）精品业务深度合作方案，让F公司与中国的某OTT公司开展深度合作，双方共同运营数百万的用户，并为这些用户提供便利的充值渠道，以及优惠的有线电视、话费等线上缴费渠道。现在，我们还在继续拓展医院、连锁餐饮、驾校、全国联考等民生相关领域。下一步，我们希望能在电商等领域有所推进，让当地老百姓习惯使用移动钱包，这不仅能在疫情期间有效地减少人与人的接触，同时也能与国际接轨，和世界同步。

就这样，从最初的POS机项目找到F公司，到现在双方的各种合作，我们与F公司的关系越来越紧密，虽然从疫情暴发到现在，双方成员在现实生活中见面的次数屈指可数，但在无数次的视频会议、往来邮件和电话短信中，为了更好保障尼日利亚人民的基本生活更加便利、更有质量，我们早已亲密无间。我们还将一起携手向前。

2021年1月1日，华为尼日利亚代表处宿舍，FMM项目组成员，隔着屏幕，彼此举杯相祝。大家一个个对着摄像头轮流发言，不少人说着说着就泪流满面了。这一次相庆，不仅仅是为了辞旧迎新，更重要的是向这不平凡的一年致敬。一杯酒下肚，感慨万千。

2020年人类历经了艰难的一年，而对于尼日利亚FMM项目组成员来说，这更是令人难忘的一年！在医疗设施和基础建设都比较落后的非洲，项目组成员们克服了重重困难，在保护、照顾好自己的同时，也为尼日利亚人民做了些"力所能及"的事。回首过往，我们最骄傲的，莫过于让尼日利亚人民手里有"钱"这件小事。

（文字编辑：霍瑶）

# 星空下的站点

作者：［马达加斯加］Andry Tahiry Randriamampianina

"啪——"，我拍向一只停在我手背上的蚊子，可能是因为动作太迟缓，让它逃走了。"嗡——嗡——嗡——"，我仿佛听到蚊子在我耳边起舞，也可能是我在山林里走得太久，我满耳朵听到的都是蚊子的嗡嗡声。我一边下意识地挥挥手，想要赶走这个声音，一边抬头看路，视线却被密林阻挡，只有一些前人走过的痕迹勉强可辨。这是我蹚过的第五条河。从早上6点钟出发到现在，我已经走了整整六个小时。前方的山路依旧望不到头，真的太累了，我有些绝望。

我入职华为五年了，进华为之前在另外一家通信公司工作。作为一名土生土长的马达加斯加人，我几乎跑遍了全岛，建设和维护过许多站点，但这次开站之旅却令我刻骨铭心。

## 从没听说过的站点

2020年3月，马达加斯加国内的某运营商和华为签订了一个微波站点合同，希望华为能在三个月内完成从首都塔那那利佛（Antananarivo）到塔马塔夫市（Toamasina）之间的微波站点建设，实现网络扩容升级，提升网络质量和传输效率。整个项目涉及六个站点的建设和开通，其中一个站点在阿尼沃拉诺基（Anivoranokeky），位于安贾哈马纳村（Anjahamany）附近。我之前都没听说过这个地方，后来从客户那里了解到，去这个站点要先乘车去塔马塔夫市，再从该市开车去安贾哈马纳村，尔后还要在山林中穿行十几个小时才能抵达这个站点。

塔马塔夫市是马达加斯加仅次于首都塔那那利佛的第二大城市，拥有全国最大的港口，人口众多，人员流动也大。疫情肆虐那会儿，得知我要去塔马塔夫市的时候，我的妻子南茜（Nancy）很担心。我安慰她说："我们会准备足够的口罩、手套和消毒酒精，并且我们自己开车过去，住市里酒店期间，会自己做饭。而地处郊外的站点人烟稀少，远离人群，反而更安全，你不用太担心。"

虽然我这样安慰妻子，但我自己心里其实也有一些担忧。可这个项目一直是我在负责，这次去阿尼沃拉诺基开站，是项目的最后一环，我是肯定要坚持到底的。于是，我在临行前向妻子保证："我会给你打电话、发信息的，别担心。"

她点点头。我轻轻地抱了抱她，然后和她一起准备行李和帐篷。因为我知道我到了站点后还要在山上的帐篷里待五六天，完成站点的开通、调测等工作。

2020年5月3日，我和司机哈贾（Haja），还有客户这边的两名工程师皮特和亨利（客户名字均为化名——作者注），一起出发了。这个项目对客户来说十分重要，因此他们二人坚持同行，想要尽快完成建站和开通。我和两人之前合作过很多次。尤其是彼特，我们已在并肩作战中成了很好的朋友。

抵达酒店后，我们就戴着口罩去市场采购一些食物、水和常备药品。市场内人不少，我们一路直奔目标，尽量和其他人保持距离，减少接触风险。5月3日下午2点，哈贾开车载着我们，前往安贾哈马纳村。

## 信息"孤岛"

塔马塔夫市距离安贾哈马纳村大约80公里，全程都是土路，又赶上前几天刚下过雨，道路很泥泞。我们坐在车上晃晃悠悠，一边听着音乐，一边聊天。皮特打趣我道："这是最后一段可以乘车的路程了，怎么样，慌不慌？"

我笑着反问道："你慌不慌呀？回头我们看看谁先喊累。"

"后面我不知道，但是现在你们可能要下车走一段了。车上人太多，这段路开不过去。"哈贾笑呵呵地打断了我们的对话。

大家早有准备，跳下车，在泥地里深一脚浅一脚地走着，好在这段路不长，没过多久，就看到哈贾把车停在路边等我们。车内的音响播放着欢快的歌曲，我们的心情也跟着雀跃起来，甩甩脚底板下的泥，又爬上车继续赶路。四个多小时后，我们终于抵达了安贾哈马纳村。

安全抵达后，我才明白之前我没有听说过这个村太正常了。村里一直没有覆盖网络，只有少数几个地点能接收到微弱的信号，这里绝大多数村民没有手机。我没想到在互联网如此发达的当代，还有这样一个"孤岛"静默地矗立在森林边缘。

向导达达（Dada）已经在村口等我们。他对我们的热情迎接不仅仅是因为工作，我能明显感受到他所隐含的期待：他希望我们能把村庄拉入现代社会。他叮嘱我们，说："希望你们抓住今晚的机会

在山顶上的分包商住处

向导达达，还有三个村民，他们负责搬运水、食物和帐篷。我们穿着轻便的衣服，背着电脑，朝着阿尼沃拉诺基站点行进。

大约走了一小时，树林逐渐茂密起来，我们也听到了潺潺流水声，眼前出现了此行的第一条河。达达第一个走下去，边走边说"跟着我就行了"。河水没过膝盖，但是并不危险。河也不宽，大家也都有野外过河的经历，走了三五分钟就到了对岸。不过，这仅仅是一个开始。

潮湿的长裤裹在腿上，又闷又热，鞋子和袜子吸足了水，走一步都能踩出水渍来，黏腻难受，我感觉步履有些沉重，树林、小路、落叶、蚊虫，前后左右几乎长得一样的景物，穿行其间让我有些晕眩，辨不清方向。大家都累得沉默不语，只有脚下踩上枯枝落叶的窸窣声作响。比较可怕的是几处林间的沼泽，一旦陷进去后果不堪设想。好在达达对路线和地形格外熟悉，他每次都会事先提醒，我们只需紧紧跟随他的脚步即可。

就这样跋涉了九小时后，我们才抵达了一处小木屋。这儿有生火的工具和厨具，可以让我们稍事休息。

到达小木屋时，我已经筋疲力尽。达达却仿佛已经习惯了这样的旅行，忙前忙后地烧火做饭。吃饭时，达达讲述此前他和客户的团队一起进山时的经历。那时他们需要向各个方向探索，寻找适合建站的地点，在山里探索了很久，最终才找到目前这个适合建站的地方。

午餐后，我们一鼓作气，继续前行。山路陡峭，密林重重，我一步步向上攀爬，不知道过了多久，突然听到隐隐人语声。"是提前抵达的分包商！"我内心自语道，精神也为之一震，三步并作两步走完了最后的一段路。此时已是5月4日下午5点，经过十一个小时的跋涉，我们终于抵达了阿尼沃拉诺基站点。

## 帐篷里的五天六夜

到了站点，我们快速搭好帐篷。站点电力有限，只能用来给手机和电脑充电，无法维持照明，我们就借着篝火和手机的光线，吃了一顿简单的晚餐。

我匆匆吃完就给南茜打电话，信号实在太差了，没说几句话，信号就断了。只好无奈地挂了电话，此时一整天的疲劳袭来，我转身扎进帐篷正打算休息，达达却一把拉住我叮嘱道："我之前说的你还记得吧，每天睡前要认真检查帐篷的每个角落，这里是荒山野岭，保不齐会有蛇钻进来。"

我一惊，瞬间感觉清醒了，立刻小心翼翼地拿起行李和背包，逐一把里面所有物品都仔细检查过一遍之后，我才一丝不苟地将帐篷拉上，然后迫不及待地躺下。睡前检查此后成了我每晚必做的功课。

第二天早晨 9 点，我们准时开工。此前几个月，分包商已经把公司的设备、发电机、电池、工具和线缆等物资分批运上山，只等今天开始安装了。分包商主要负责设备的组装、上塔以及机柜安置等硬件装配，我负责所有设备的调测，皮特、亨利会关注和检查每一项工作的完成进度和质量。不过，当安装人手不足时，我们也会一起去帮忙。

大家业务熟练，工作有条不紊。唯一困难之处在于调试微波。这项工作对精确度要求很高，两跳微波必须按照一定的角度对接，才能保证信号发送和接收的成功。我们离另一个微波站点相距大约 40 公里，要找到最精确的方位需要极大的耐心，稍稍偏离角度就会导致信号变差、传输变得不稳定。我先在电脑上做好配置，提前告知分包商大概的安装高度以及方位角,然后让他们缓缓地左右转动天线,使用万用表调到最合适的位置,再接着调天线的下倾角……从第五天的早晨一直调到晚上六七点,我们才完成了当天的全部任务。

第五天也是最后一天,我们需要测试网络的质量。因为前期工作做得很到位,调测工作进行得很顺利。看到信号接收和发送都没有问题,皮特和亨利笑着拍拍我的肩膀,说:"恭喜我们又开通了一个站点。"我松了一口气,也开心地笑了。

当晚,我们把剩余的干鱼、豆子和米饭当作一顿"庆功宴"。

山上的帐篷生活除了担心蛇以外,洗澡也是个大问题,需要到山下的小河去洗,来回就要花费一个多小时的时间,一路还没有照明,而摸黑走山路又有风险,所以在山上的五天六夜里我们只洗过一次澡。

那天结束工作之后,我们结伴前往山下的小河,天空高远,月色朦胧,小河泛着清光。整个山上只有我们几个,风声、水声和我

在山顶安装和调测设备

们偶尔的说话声，如此完美地交融在一起，带走了我一身的疲惫，让我浑身放松。洗完澡，往回爬的半路上，我忍不住回头观看，满天的繁星，倒映在水面上，细碎的光波流转，这个画面刻入了我记忆的深处。

## 数字通信中的"星星站点"

站点建设结束后，我绕着站点看了一圈。机柜下面都是土，看起来没有那么高大上，但我知道，这项工程结束后，这一带将会有3G信号覆盖。这些灰乎乎的机柜在我眼里就像是那晚的星光，虽不灿烂，却能在黑夜里为人们带来美好。

下山回到安贾哈马纳村后，客户把信号覆盖的好消息告诉了当地村民："你们可以买手机了！"我看到笑容在村民们的脸上绽放，大家再也不用到村口举着手机到处找信号了。

阿尼沃拉诺基站点不是我开通的第一个站点，却是最让我难以忘怀的站点，我称它为"星星站点"。十几个小时的山林密路跋涉，五天六夜的帐篷生活，空灵静谧的山涧濯洗，以及村民们一张张欢欣喜悦的笑脸，所有的这一切让我开始重新审视自己的工作。在通信行业工作十余年后，我又再次重温自己的工作给人们带来的冲击、惊喜和意义……

未来，我想在马达加斯加多建设一些这样的"星星站点"，把大家都纳入这灿烂的"星河"，让马达加斯加的明天沐浴在数字通信的"星海"中。

（文字编辑：胡瑢）